青齐文化之谜

纪连海　著

北京大学出版社
PEKING UNIVERSITY PRESS

图书在版编目（CIP）数据

青齐文化之谜/纪连海著. —北京：北京大学出版社，2011.7
ISBN 978-7-301-18815-6

Ⅰ.①青…　Ⅱ.①纪…　Ⅲ.①文化史—研究—青州市　Ⅳ.①K295.23

中国版本图书馆 CIP 数据核字（2011）第 071063 号

书　　名：青齐文化之谜
著作责任者：纪连海　著
责 任 编 辑：卢英华
插　　图：张　蕾
标 准 书 号：ISBN 978-7-301-18815-6/K·0775
出　版　者：北京大学出版社
地　　址：海淀区成府路 205 号　100871
网　　址：http://www.pup.cn　　电子信箱：zyjy@pup.cn
电　　话：邮购部 62752015　发行部 62750672
出版部 62754962　编辑部 62765126
印　刷　者：北京大学印刷厂
经　销　者：新华书店
730 毫米×980 毫米　16 开本　9 印张　70 千字
2011 年 7 月第 1 版　2011 年 7 月第 1 次印刷
印　　数：1—15000 册
定　　价：26.00 元

目　录

第一讲

东夷之都

观众朋友们好！说到“千古一叹说青齐”，那我们说的是山东省青州市这块土地上产生的文明和文化。为什么叫“青齐”呢？是因为在历史上的魏晋南北朝时期，山东这个地儿就叫做“青齐”。而这一时期留下来的文化，就被我们称为“青齐文化”。魏晋南北朝时期的青齐文化并非无源之水、无本之木，它是有根有源的，上承古老的东夷文明、古九州文化和光辉灿烂的齐文化，下启后世青州非常有特色的三教融合文化和名士文化，而这一贯穿了中国五千年始终的文化，我们就称之为“青齐文化”。

说到青齐文化，我们首先就要把它发生、传播的地域交代清楚，那么所谓的“青齐文化”在哪儿产生的呢？就是青州。当然，从远古来看，青州这个地域，应该说整个山东地域的文化，青州一直是一个核心。而且更有甚者，越往远古推，那这青州的地盘就越大。有的人就会说了，青州这么一小地方，一个县级市，有啥可说的呀？您呢，听我慢慢道来。

说到青州，那有悠久的历史。《山海经》里面就有关于咱们青州的记载，青丘、青丘之山、青丘之国，那说的都是咱们山东青州。当然，青州还有一个名儿，那可比《山海经》中的记载早多了去了。说到青州过去的名字——益都，益是谁？尧舜禹时期，中国流行的是禅让制。这禅让制时大禹选的接班人是谁啊？伯益。伯益是谁？帝颛顼的后代。伯益所居住的地方就叫益都。益都就是我们讲的这儿——青州，算起来已有四千多年了。“青州”一词，始见于《禹贡》，后来见于《周礼》。《尚书·禹贡》是中国最古老的地理学专著，上面怎么说的青州？说“海岱惟青州，嵎夷既略，潍、淄其道”。什么意思呢？那边大海，别管是黄海，还是渤海；这边泰山。在大海和泰山之间，整个这么大一片地域只有一个名字，叫青州。在青州这块土地上存在着莱夷、嵎夷等古老的东夷文明。要问这青州往北到哪儿，不能说。为什么？说了犯忌讳。而且还要看是正北还是东北。正北到辽宁，当初的辽宁就归青州管。东北到朝鲜，那都是咱们青州的地盘。这哪儿能说呀?!所以我们还是不说那么多了，就说咱们青州，就说原来的青州，就咱们山东这么大一片土地，现在的青州恰好是古青州的核心区域。

说到青州，首先得解释什么叫“州”。什么叫“州”？

《说文解字》讲，“水中可居者，曰州”。昔尧遭洪水，民居水中高土，故曰九州。说的是尧舜禹那个时代，尧晚年就已经开始有洪水了，让禹的父亲治水，没成功，又让禹治水。本来尧那个时代天下是十二州，但是经过这场洪水以后，能住人的就剩下九个州了，所以禹在治水成功以后，重新划分了天下，把天下适合住人的地方分为九州，便是冀、兖、扬、青、徐、梁、荆、豫、雍这九州。

说到了九州，青州本是九州之一，九州“之一”跟九州“第一”差远了。那么这九州中的“青州”的本意是什么呢？东方之州。中国古代有阴阳五行学说，这阴阳五行学说讲，地域有东西南北中，颜色有青赤黄白黑，这物质有木金水火土，这三种一一相配，就成了五行合配图。中间属土，土色为黄；南方属火，火色为赤；北方属水，水色为黑；西方属金，金色为白；东方属木，木色为青。换言之，青州便是东方之州，常青之州。正是因为如此，青州得到了日后很多文人墨客的青睐，被称为“东方第一州”。东方第一州那也便是“天下第一州”，正如宋代苏辙的诗，叫“面山负海古诸侯，信美东方第一州”。有人说了，老师啊，说到这儿我有个问题，你说这方向为什么管那边叫东呢？那边为什么叫东？为什么那边不叫春？东南西北这词怎么编的？什么叫东啊？《说文解字》记载，东者，动也。蠢蠢欲动，春来了，草绿了，春天的脚步近了。怎么能证明春天来了？你从哪儿看到春天来了？树绿了、山青了，山青水绿。哪儿最早？东边，青州。换句话说，青州就是天下的起点。说天下，不从青州说起，你从哪儿说起？你总不能话说天下大事率先说到美国，这不对呀！所有的大事都得先从青州说起，好了，咱们刚才说的是青州的来历，那么青州地区原始的居民是谁呢？当然是东夷。所以咱们接下来就得讲讲七千年的东夷文化。

俗话说得好，我们中国有着五千年的悠久的文明史。五千年文明，上下五千年，但是咱们青州的历史要比中华民族这五千年历史多，多多少呢？先给您说个短的，至少要多两千年，七千多年的历史。上个世纪70年代，就是我刚上小学那个年代，这夏名采先生在咱们青州市东夏镇桃园村发掘出了七块陶片，经过考证，这七块陶片成为陶片已经有七千多年了。这是在咱们山东著名的北辛文化的一个典型，北辛文化还不是咱们山东文化最早的，还有比这更早的呢。不过那到底有多早，咱们待会儿再说。咱们现在要说，在北辛文化之后，在山东什么文化流行呢？那当然是东夷文化。

说到东夷我们要知道，五千年前，也就是公元前30世纪，传说中的五帝（这五帝一共有14种说法，我就不给您考证了，《史记》的说法是黄帝、颛顼、帝喾、尧、舜，我们就暂且采纳这个说法。）时代，中国有哪些人居住呢？那居住在北方的，我们称之为北狄，北狄又被分成两种：一种叫赤狄，一种叫白狄，也就是山西人的祖先；居住在南方的叫南蛮，也就是现在的湖南、湖北、江西人的祖先；居住在西方的，叫西戎，或者叫羌，甘肃、四川的，那都是西戎或者是羌。居住在东方山东的，那是东夷。这夷、蛮、戎、狄，这四个字您会感觉到都是骂人的话。诸位，错了，这可不是骂人的话，华夏民族管人叫“人”，河南、陕西管人叫“人”，山东管人不叫“人”，不叫“人”，那叫什么啊？叫“夷”。河南人、陕西人说他们是人，人什么样？两条腿往那儿一站，这就是人啦？会啥呀？啥也不会。那不叫人。人跟动物有区别，区别在哪儿呢？就在咱们东夷人这“夷”字上，夷字怎么写？一个人，一个人背着一张弓箭，弓箭是不是人造的？会使用弓箭的、能打猎的，这才是人了。这种人叫“夷”。

说到东夷，说到弓箭，您会不会想起一个叫“后羿”的人呢？历史上有两个后羿，都是夷人，都是东夷部落的。你们这回不觉得怪了吧，那东夷人的领袖叫什么呀？叫羿，后羿。后是什么意思？司母戊大方鼎。读错啦，“后母戊大方鼎”。后是什么意思？后是国君的意思。不是一个国家的最高领导人，一开始就叫皇帝，也不是一开始就叫国王，也不是叫总统，叫啥呀？叫“后”。后这个字我没工夫给您解释了，掰扯这“后”字又半个小时了，所以您要记住，夷族人的领袖就叫“后羿”，祖祖辈辈都叫“后羿”。所以“后羿”不一定是两个，但是我们传说中的后羿有两个，一个生活在尧帝时代，尧帝时代净坏事，天上十个太阳，怎么办呀？尧也没法办呀，他位居中原，天上十个太阳，我们山东没事啊，一百个太阳，我们山东有山有水，中原有啥呀？热呀。没办法了，大家从河南跑到咱山东来，后羿呀，您帮帮忙呗，把这天上的太阳射下九个来。咱们后羿帮了他一把。对呀，射下九个来，结果他们治水又成功，大禹他们家建立了夏朝了，你说咱们后羿能心甘情愿吗？所以等到大禹时代，夏代那个后羿那就也很

后羿射日

有名啊，那个后羿，有穷氏的首领，也是善于射箭，有一个美丽的妻子叫嫦娥，就是后来偷吃长生不老药那位，结果应该吃一粒没事，吃两粒，飞上去就回不来了，在月亮上住着呢。当然夏代那个后羿也很厉害，夏朝刚一建立，没过几十年，让后羿给推翻了。咱山东人很厉害呀！为什么很厉害？就是因为山东的东夷人是中国最早发明使用弓箭的民族。这不是我说的，《吕览·勿躬》里面就有这话，“夷羿作弓”。所有的人都知道这弓箭是咱们山东人发明的，是我们讲的夷人的领袖羿发明的啊。东夷是夷族的总称，是活动在我们中国东方的土著民族，包括很多部落，有什么莱夷、嵎夷、鸟夷、淮夷、牟夷、根夷。不管叫什么夷，他们拥有一个共同的姓，姓风。它原本的意思不是风，是什么呢？是凤，凤凰的“凤”。因为这个东夷部落的杰出首领太昊（也就是伏羲）、少昊，都是以鸟作为图腾的。

那么那个时代，东夷部落的地盘在哪儿呢？西接中原，南到淮河，北到黄河下游，向东越过大海，直到辽东和朝鲜半岛。瞧见了吧，东夷的部落跟咱们原来讲的九州中的青州的地盘一模一样。而恰巧，那么多夷族部落最核心的区域也在咱们青州。

青州这个地儿，我们说，山美、水美。正是在这样一个地方，有这么一个向往光明、向往自由的民族，这个民族在我们中国的历史上，在我们中国的神话传说中，都占有非常重要的地位。

先说咱们东夷部落的一个杰出的首领——舜。尧舜禹的舜，那是东夷人。《孟子·离娄篇》中记载，舜生在诸冯，也就是山东诸城。卒于鸣条（河南开封）。东夷之人也。司马迁是史学大家，他怎么记的？“舜耕于历山”，历山知道吧？咱们录节目的所在地啊，那是千佛山啊，离千佛山很近。历山就是济南。耕地耕在那儿，打鱼上哪儿打去呢？“渔于雷泽”，雷泽在哪儿？兖州啊。“陶河滨”，在哪儿制陶器啊？在黄河边上。然后紧接着，“做什器于寿丘”，寿丘在哪儿？曲阜。我们把孟子跟司马迁的记载结合起来，孟子告诉我们，舜生在今天的山东，司马迁告诉我们，舜所有的活动都在山东。相传舜的家是很寒微的，虽然说是颛顼的后代，但是到他这儿已经成为贫民百姓。因为过去除了嫡长子之外，五代人以后你就成为庶民了。所以他们家很穷，家门不幸。更不幸的事在后头呢，他爹大名不知道叫什么，人送外号“瞽叟”，就是瞎老头儿的意思。讨了一个老婆，生了一个孩子叫“舜”，从小一生呢，眼珠子里有俩眼仁，你说这俩眼仁能对光吗？这瞽叟虽然看不见，一听说舜的每个眼睛里有俩眼仁，就怀疑他不是自己亲生的。舜的亲妈死后，瞽叟讨一小老婆，生一孩子叫“象”，那为什么叫“象”呢？他真长得像他爸爸，除了有眼睛之外。你说舜生活在这家，“父顽、母嚣、弟傲”。就这么一家，父亲心术不正，成天就觉得自己的大儿子是别人的私生子，这后妈见他就骂，这弟弟天天给他使坏，怎么办？舜依然是逆来顺受，照顾自己的继母，照顾自己的兄弟，你要想害我，我就躲；没把我害了，我还照样回来伺候你们。在这个时期，东夷人舜逐渐赢得了好名声，在他20岁的时候声名远扬。

又过了10年，到舜30岁的时候，尧需要选接班人了，就向四方的领导人（叫四岳）征询，谁可以接我的班啊？东西南北四方领导人大家一商量，都觉得舜是最好的。这尧一想，哟，舜的名声这么好啊！这么好的孩子我可不能让他娶别人家的闺女，我一共就俩闺女，都嫁给他！娥皇和女英俩人就嫁给了舜，现在领导人的俩女儿都嫁到这家来了，你说这舜的爸爸、后妈还有弟弟还不对舜好一点？这一家人该好好过日子了吧？没有，更生气了。那能不生气吗？好名声都冲你来了，你为什么有那好名声啊？不都因为我们坏，衬托出你好来嘛，对不对？要没有我们坏，能有你好吗？那不行，我得把你给害了。你想那阵儿舜有工作啊，有公职又有工资了，所以生活条件也改善了。而且他周围接触的人那是非常好，“一年而所居成聚”。他一住哪儿，好多老百姓知道舜住这儿，赶紧就来了。转眼一年这地儿就成一村，“所居成聚”。“两年成邑”，两年就成一县城。三年就成为一个都城，整个一个部落的核心。这都是因为舜的名声好。舜他爸爸、他后妈跟他弟弟，这一家三口人背着他开会，咱们怎么把他害死了呢？这当后妈的有主意，咱家房子有点漏，让他上房修房子，结果瞎子不能去吧，女的不能去吧，兄弟还小不能去吧，那就你去呗。舜搭梯子上房顶上去了，下面人放了一把火，把房子给烧了。那阵儿都是草房啊，还好，舜的两个妻子很聪明，事先就给舜身上绑了两个斗笠，结果那斗笠一煽乎，舜平安下来了。

修房没烧死，那火烧不死就水呗，水火无情。那年正好旱嘛，让他下井里头掏水去，几个人使劲拉着这绳把舜续到井里头，本来应该舜掏好了水，往上一拽不就行了嘛，不行。他们把绳一松，让舜“扑腾”掉井里了。他们以为舜死了，这几个人就商量分舜的产业，他弟就说，我告诉你啊，我最喜欢舜的琴。你别说，舜的弟弟象是有文化的人，喜欢听琴，喜欢弹。他弟说，我这人最喜欢琴和女人，你把舜的琴还有舜的俩老婆给我，剩下的都归你，我不要了。他爸爸说行，正好我也不会弹琴，也看不见女人多漂亮，咱们就这么着吧。他们就分了。于是象在屋子里头弹着琴，一边吃喝一边弹，不亦乐乎！一会儿，舜上来了。这时候象说，哎哟，我“思舜正郁陶！”（我想你想得可郁闷了，一郁闷我就弹这很欢快的曲子）。你说的话你自己信吗?！还不是因为舜事先就知道他们要使坏，已经凿了一个从那井中间往两边走的道儿，才能从另外一地儿爬出来了。

后来我们说舜接了尧的班，让禹治水，然后又发现了这个“八元”、“八恺”，有贤名的“八元”、“八恺”，尧却没重用，于是乎舜让“八元”主管农业，让“八恺”主管教化、主管教育。又发现了四个大坏蛋，叫“四凶”，这四个凶神恶煞我一说您都听说过：一个是帝鸿氏的不才子，叫浑敦；第二个叫少皞氏的不才子，叫穷奇；第三，颛顼氏还有一个傻儿子，叫梼杌；第四，缙云氏有一个傻儿子，叫饕餮。饕餮知道吧？知道。我一说您特能吃怎么说来着？饕餮大餐，吃这饕餮大餐。饕餮您见过吗？过去特大户人家的门上那两个大牛眼睛，可害怕的那个，饕餮就长那模样，很可怕的。您敢进去吗？告诉您，饕餮已经一万多年没吃饭了，他正想吃你呢，那就是饕餮。因为这四个人很坏，舜把他们发到偏远山区去，让他们劳动改造。

最后，舜完全接班了，尧就退休了。这是咱们东夷人的骄傲，舜都是东夷人，你想我们今儿在山东讲东夷文化，在座的诸位，说不定您就是东夷人的后代。您比如说我，过去有一个纪国在寿光，您从北京走高速路，在寿光一下来，收费站那地儿占的就是俺们家，三千年前俺们家就在那儿住。你看收费站就是以我们家的名字命名的嘛，俺们说不定也是东夷人的后代呢。

不过我们现在要说，作为一个优秀民族，弓箭有了，铁器有了，这回该想什么了？想称霸天下啊。想称霸天下该跟谁打仗呢？得打仗啊，要不谁服你啊。于是乎，咱们这东夷部落那阵儿已经叫“九黎部落”了，九黎部落又叫“九夷”，是指东夷部落迁徙到淮河流域的一个支系。什么意思呢？就是咱们山东有一支人马，迁到了河南跟安徽交界处，在那儿生活的这个九夷部落（又叫九黎、淮夷）。九黎部落有个首领叫蚩尤，蚩尤长得不一般，兽身人首，铜头铁额，身上长着那个毛硬如剑戟。每天吃什么呢，除了吃沙子就是吃石头，呼风唤雨，十分凶悍好斗。蚩尤跟炎帝打仗，结果把炎帝给打败了，炎帝不服啊，又招来了他的哥们儿黄帝。结果炎黄两家兵合一处、将打一家，蚩尤打了败仗。九黎人受了制，做了奴隶，简称“黎民”。从此以后，说“黎民”那就是指社会最底层的人。想当初最辉煌的后来却是社会最底层的人就是我们山东的东夷人。说到黎民，肯定有人想说，哎呀，四个字一块说了呗，黎民百姓。这黎民跟东夷有关系，这百姓跟东夷有关系吗？那当然有关系了。这蚩尤打了败仗，退到了东夷，那炎帝、黄帝打了胜仗，他们哥儿俩能不打起来吗？后来炎帝又跟黄帝打起来了，结果黄帝再度取得胜利，炎黄部落开始兵合一处，都归黄帝管了。其中还有一拨黄帝的后代进入山东，与东夷人的后代融合。这个时期就建成了炎黄夷三族部落联盟，这三族部落联盟得有领袖，这领袖从一百个氏族中推选轮流担任。这一百个氏族我们就称之为“百姓”。这百姓里面也有我们东夷部落的，当然也有炎、黄两个部落的。

那么说到这儿我们就要注意，故事是真是假，我们不敢说。但是有一个是真的，远古时代，青州地区是东夷文化的发祥地是真的，这已经被大量的当地的文物所证明。在今天的山东青州地区，国家一级文物那多了去了，在众多的国家一、二、三级文物当中，我最喜欢的是“冲天流”陶鬶。这个“冲天流”陶鬶高24厘米，陶鬶的口儿，直径9厘米，两侧各有一个耳朵，圆形镂孔的耳朵，恰似鸟的两只眼睛，这“冲天流”陶鬶有着长而且宽的鸟嘴状流，瓶颈粗大，与瓶腹连为一体。这个瓶把儿是绳状，瓶足有三个大袋。这个“冲天流”陶鬶特别像一个什么呢，像一只昂首挺胸、举止傲慢的大鸟，这个鸟就是我们前面讲的“凤鸟”。特别是这个陶鬶保存极为完整，没有一点破损，可谓国家一级文物，无价之宝。我就不明白了，这么多年在地下，怎么保存这么完好呢？这也是东夷文化的魅力吧。

那么说到这儿有的人会问，这东夷文化哪儿来的呀？东边来的西边来的？南边来的北边来的？都不是。它就是土生土长的，与中国西方的羌戎文明、南方的苗蛮文明、中原的华夏文明一道构成了我们日后华夏文明的系统体系，是黄河文明乃至整个华夏文明的主体和渊源之一。

那么这个东夷文明最盛在我们前面讲的龙山文化中晚期，那是东夷文明的盛世时期。但是咱们要问，这东夷文明最早是从哪儿开始的呢？那就得说到距今 8 400 年的山东地区的后李文化，这是咱们青齐文明的源头。再早呢，还有待于各位继续考证了。我们现在能讲的这青齐文化的源头就是距今 8 400 年了，从那个时代的后李文化开始，东夷文化就一直作为独立的一种文化发展繁衍了 6 000 年之久。直到后来，一个新的文明取代了它，这个新的文明便是齐国文化。西周初期，东夷文化被西周政权所封的齐国所取代，这个地儿归齐国管了。此后，除了齐国之外，在青州的地界上，那个时代的青州，陆陆续续又出了齐、鲁、纪、莱、逢、莒、郯、薛、费等很多很多的小国。但是众多的小国文化都没有能够完全取代东夷文化，真正取代东夷文化的那就是我们下一讲要给大家讲到的齐国文化。

问题就出来了，这其中有什么原因呢？齐国的创始人姜太公与我们山东的青州有着什么样的深厚关系呢？咱们下次再讲。

第二讲

刀币之谜

我们上一讲讲到了“千年一叹说青齐”的第一讲，我们今儿要继续来讲。

话要从哪儿开始说起呢，从三十多年前的一件怪事说起。

话说1974年春天，青州市（当时还叫益都县）石沟河乡（那阵儿还叫公社）东南河村有一个叫王效臣的，在挖墙基槽的时候，意外地挖到了一批破铜烂铁，引来了无数人的觊觎，很多人惦记着。据发现者讲，出土的地儿在这个东南河村的东南方向，距地表60厘米处，原来盛在一个陶罐中。当时也没人在意，扔了，没觉着这陶罐是文物。但是陶罐里的破铜烂铁，被王效臣交给国家了，交给益都县政府了。

在这堆破铜烂铁当中举居然有五大种类的刀币，这五类是：“节墨之法化”、“安阳之法化”、“齐之法化”、“齐建邦法化”和“齐法化”。法化就是钱，就跟我们现在说人民币、美元、英镑一样，都是这么个意思，它分成五种类型，非常的完整。这一批出土了多少？这一批出土了五百二十多枚，数量在中国刀币考古史绝对是空前的。话说到这儿就有个问题了，按说这刀币应该出土在山东临淄啊。临淄是齐文化的发祥地，是政治经济中心，怎么能发掘出土在青州呢？要说到这儿，咱还得从商朝说起。

话说这个商朝，商汤灭夏以后传30代约600年，具体说是554年。最初建都于亳，因为亳这个地儿黄河经常泛滥，商政权只能六次迁都，在奄地时由于没有水患，导致商朝的贵族日益腐化，中兴之君盘庚下决心从奄迁到了殷，即今天的河南安阳，没想到的是日后这商朝的贵族更加腐败，直到了商纣王时期，腐败达到了登峰造极的地步。据司马迁记载，这商纣王在王宫里面凿地为池，池中注酒，酒上行船。而且池中还修了很多木桩子，周边修很多木桩子，木桩子上挂满了各式的肉，当然也有人肉在内。商王和贵族们光着身子在酒池肉林里疯狂地打闹。这样就惹恼了一个人——周文王。其实周文王是我们后世对他的称呼，他本身当时的官职叫西伯，这西伯正在养精蓄锐，做着推翻纣王的准备，为了早日打败商纣王，这周文王西伯到处去求贤。终于有一天，在渭水南岸看到一个悠然垂钓的老者，虽然白发苍苍，但却气宇轩昂，不同凡人，遂与之交谈。经过交谈，得知这个人就是我们人所共知的姜子牙——吕尚。周文王一想，自己家祖宗太公日思夜想的不就是这样一个人吗？于是乎册封这姜子牙，给这姜子牙起了个外号，叫“太公望”。这就是我们人所共知的姜太公。

姜太公哪儿的人？姜太公可跟咱们山东青州没有直接关系，有间接关系。姜太公是山东日照人，不是咱们青州人。但是日照人他也得讨老婆吧，你像他那么穷，谁家的姑娘嫁他呀，对不对？也就咱们山东青州人可怜他，最后让他做了倒插门女婿。我们家就是别的不剩，穷着呢，穷得就剩下钱了。男人没有吧，所以就引进外资，山东青州马家村就让这姜太公倒插门了，俩人过起了日子。但您别说，这姜太公还真是笨，因为他心怀大志，所以小事啥都不会，种地不会，卖东西不会，打鱼不会，啥也不会。马家的老太太，姜太公的丈母娘急了，说你给我滚！姜太公就被撵走了。从此以后，这姜子牙变成了“齐地逐夫”。逐，被动词，被逐，他就成了齐地逐夫。

但是你要注意了，这丈母娘把女婿给轰走了，她就没问问她姑娘乐意不乐意。她姑娘跟姜子牙这人生活得日久生情了，觉得自己这个丈夫虽说拙于世务，但人家胸有大志啊。但是又不能做那种不孝顺父母的事，俩人跑？那不合适。所以她妈妈把人家给轰走以后，她就下决心终身不嫁！你别说，她终身不嫁，人家姜太公日后也没再娶。所以两个人还挺恩爱，虽然永远见不着面。最后这个孤苦伶仃的姜太公的老婆就死在当村了，这个村日后就叫马家村。姜太公功成名就之后，封为齐国国君，厚葬了马氏。

姜太公被他的老丈母娘给轰走了，去哪儿去呢，就到朝歌卖肉去了，结果一天没开张，肉都臭了，所以人们给他送了一个外号叫“废屠”。此后又经过一件事，叫“仇不庸”。什么叫“仇不庸”？没法生活，拿一草标往自己这儿写一个牌，先标好身价。结果当时人家一看，没有人买。谁买一个废物啊？你干嘛嘛不中用，吃嘛嘛香，我买回去让你给我当爷，爷您吃饭，爷您洗脚，我给您洗脚，所以啊，他卖不出去。

没办法了，姜子牙拿根鱼竿，到渭水之滨盘膝钓鱼去。这一钓钓到 72 岁，终于钓到一条“大鱼”，这“大鱼”就是周文王，俩人一拍即合，想尽了各种办法招贤，招揽人才，都集中到自己手里。最后经过精心准备，正准备要发大兵灭掉商纣王呢，周文王死了。周文王的儿子周武王继位，周武王姬发一继位，经过简单的休整之后，在公元前 1046 年，

姜太公钓鱼

两个人带领大军，一举打到朝歌郊外的牧野。当时这商纣王干嘛呢？当时的商纣王正在做一件事，在一个叫鹿台的地方玩呢，结果人家一举打下朝歌。你说商纣王没有军队？有啊，有70万军队呢！那70万军队怎么不来呀？原来，商纣王为扩大疆域，到处侵略，居然派了70万军队打咱们山东，在山东这儿打仗呢，都城朝歌一个人没留。周武王一听说没军队，还不去；赶紧打。姜太公跟周武王俩人带着军队一打，商纣王发现时，为时已晚，他赶紧跑到朝歌搜集宫里头的宝贝，把这金银财宝都挂身上，也不穿衣服了，披着的都是金银财宝，让士兵在自己身边加木头，点火！最后他带着满身的金银财宝，自焚而死，商朝灭亡了。

商朝灭亡以后，周建立。周武王册封姜子牙姜尚到海岱之间，东至海，西至河，南至穆陵，北至无棣，五侯九伯，实得征之。就这地儿，都归你管。“五侯”是指反叛的蒲姑、奄、徐、盈、熊五个国家；“九伯”指的是淮夷九族，就是当年跟炎帝打仗的蚩尤那拨人，淮夷九族。那么他管的地盘你发现没有，东至海，西至河，南至穆陵，北至无棣，这块地儿就是《周礼·禹贡》中的青州的地盘，比青州的地盘还稍少了一点，少了哪儿了？少了辽宁，少了朝鲜，基本上就是青州地盘。

那么姜太公来到了青州地界，在原青州地界怎么样建立一个国家呢？

你别说，这里有故事。来到这儿的时候你想想姜太公多少岁了，72 岁出山，真正灭掉商朝是多少岁？83 岁了。八十多岁一个老头，从河南、陕西那边往山东走，那一天走多少道，晚晚地起，早早地收，早晨九点钟还没出发呢，下午三点钟打尖住店，一天走几十里地，非常的慢当时有一个人说："时难得而易失。"发一句牢骚，时间难得，流失得很快。这时候八十多岁的老头终于明白过来，赶紧快马加鞭，结果怎么样？刚刚到达指定的都城营丘，发现正好东莱人企图占领营丘，姜太公马上反击，击退了东莱人，在营丘这儿建立了自己的国家——齐。大局安定以后，他开始着手治理齐国，开始搞经济建设。为什么？他虽然没学过马克思的文章，但是这经济基础决定上层建筑他是知道的。姜太公虽然不是山东青州人，但是姜太公是东夷人啊，他自己原本就是东夷人，所以对古青州一带的风俗民情非常熟悉。他知道，管理这儿得有窍门。什么窍门呢？他有三大窍门。

第一大窍门，"举贤尚功"；第二大窍门，"因俗简礼"；

第三大窍门，“通商工之业，便鱼盐之利”。“举贤尚功”，只要你有才能，只要你能征善战，我就任用你当官，不管你这人的人品怎么样，唯才是举。这样东夷人中很有本事的就可以被任用了，当官了。这儿注意，不是东夷人的人品不怎么样，而是因为文化的不同源，所以可能会有误解。他不考虑这些，只要你有本事，我就用。“因俗简礼”，简化那些必要的礼节，以适应东夷这样一个半游牧半农业民族的特点。“通商工之业，便鱼盐之利”，既要重视农业，又要重视手工业。农业和手工业都是依靠当地资源搞开发，同时还要注意商业，也就是对外贸易。这一点你可以问问我们中国的古代经济学家，中国三千年都是什么政策？重农抑商。像姜太公这么开明的东夷人，在中国历史上是非常少有的，姜太公的这些措施得到了当地人的衷心拥护。三个月太公治齐，向周武王报政，也就是说告诉周武王我这儿治理安定了。他这儿治理一安定，周边的很多民族，东夷人的各个部落就都先后归顺了。

当然，后来这姜太公死了，轮到姜太公的后代执政，就有人要跟姜家的齐国叫板了。姜家齐国多厉害，谁敢跟他们家叫板？山东寿光那纪国率先发难，在周武王面前给那姜太公的五世孙告恶状，最后姜太公的五世孙被周武王召到这镐京，也就是今天的西安，给下油锅给炸了，吃了。我们老纪家也吃了好几口呢，得罪人了不是。后来这齐襄公也是姜太公的后代，那就是十多代了，齐襄公不满意啊，要报仇啊。在公元前八世纪中叶就把纪国给灭了，从此以后，这姓纪的流落四方。二千七百多年以后，就有一个人在这儿讲姜太公的故事。

后来齐国又灭掉了莱国。在这中间齐国迁都过好几次，呙宋台、臧台、蒲姑等地，莱国一灭，那齐国的疆界扩展了一半，灭掉莱国以后，齐国的疆界基本上就恢复了原青州地域，就都变成了齐国的疆界了。这个时候，齐国和青州就完全分不开了。

史书上记载，齐桓公一个人就灭掉了 36 个国家，齐国成为春秋时期一个非常大的国家。那么齐国从前到后延续了八百多年，在这八百多年当中，一直是非常昌盛。当然最让人佩服的国君是齐桓公姜小白。他们家原来挺乱，但是他继位以后，确实很善于用人。在咱们青州就有一个叫猫山的地儿，猫山在青州市邵庄镇，山很高，二百多米，比那个与泰山齐名的梁父山（海拔 146 米）高五十多米呢。开玩笑，梁父山多有名，天天有一个人《梁父吟》，对不对，他要不过梁父山。猛山很有名气的。历史上就流传着“猛山纳宁威”的这么个故事。

说这个宁威是个特有本事的人，满腹学问，卫国人，有才干，但是家贫如洗。听说这齐桓公继位以后很爱惜人才，手下有八十多名游士，给这八十多个人优厚的待遇。于是乎他自己跑到猛山给人家放牛，放了好多牛，每天唱着《放牛歌》，自编自导自演的。这歌天天唱，谁都知道他是有本事的人，后来这个事儿让齐桓公知道了，齐桓公一看那我请去吧。结果到那儿一看，人家放着牛呢。人家一瞧，后边来一个大官，看样子像是国君，甭理他，继续唱《放牛歌》，继续骂齐桓公怎么无道、怎么昏庸，很傻、很笨、很坏，直接就说国家这不对、那不对。这齐桓公手下的人恨得牙都咬掉了。齐桓公可能那天没吃饭，真有肚量，愣没生气。听他唱完了，然后给他鞠一躬、磕一头，意思是我就需要您这样的人，您骂得真好。我那儿有好吃好喝的，吃饱了再闹好不好？我让您当大官，一人之下，万万人之上。就这样把宁威给请去了，换好衣服，好车、好马、好招待，然后让他担任大司田那职务，专门让他负责农业，大司田就相当于农业部部长就这么一个职务吧。

齐桓公猎山纳宁戚

从这儿你会发现，齐桓公非常爱惜人才，当然爱惜人才最典型的还是爱惜管仲。你想想当年管仲与鲍叔牙，两个人安徽人看中山东是一块人才济济之地，要想投奔齐国，结果齐襄公呢，让他们各自保着自己的一个儿子——公子小白和公子纠。后来这齐国动荡，公子小白、公子纠分别被鲍叔牙和管仲所辅佐，跑到其他国家，前任国君被杀以后，这俩人先后都企图回到齐国当国君，管仲埋伏在半路企图射杀公子小白，没成功。公子小白继位，便是齐桓公，这个时候齐桓公跟管仲有仇啊，但是鲍叔牙说，你要想把这个国家治理得一般，您就用我；您要想强盛，您就用您的仇人，而且还要重金礼聘。齐桓公马上重用管仲，管仲任相，到了齐国丞相的位置马上开始改革。

第一个改革就是“相地而衰征”，根据你地的好坏，每人都要交赋税。这样就变相承认了土地的私有，只要你交税，不管我给你的还是你自己的，你交完了剩下的都是你的了。跟原来不一样了，井田制是什么呀？你种多少地粮食都是我的，不是交多少，是都是我的，我再回返给你。“相地而衰征”一下就让种田人的积极性有了，谁不愿意多打点粮食啊，多打点粮食能自己多捞点，这样你说齐国的农业能不发展起来吗？

再加上这齐桓公、管仲两个人的第二项改革，将全国分为21个乡，有6个乡免除兵役，专事工商业，买卖东西。6个乡专门买卖东西，这很不容易啊。你查中国的古代历史，哪个国家做这个工作，6个乡专门买卖东西。按照年岁丰凶、人民需求经营货物，政府还设置了一个买卖东西的机构，叫轻重九府。买卖东西就得有货币呀，就得有等价交换物货币呀。

在哪儿铸造货币呀？他们选了一个地方，在益邑。益邑就是益都的前身，现在这地儿已经不归青州管了，归我们姓纪的老家那儿管，山东寿光市益城村，在那儿铸造钱币，所以那个时期的山东寿光市益城村，就是钱币制造中心，这个地儿解放前出土过“大布黄钱”，这布币还有相应的石制钱范，1958年出过土方孔铜钱350余公斤。铜钱350多公斤，700多斤呢。

与此同时，这6个乡是这样做，那15个乡怎么办？那15个乡，平时是老百姓，战争时是军人。什么意思？15个乡是士乡，寓兵于农，闲的时候种地，忙的时候打仗。该打仗打仗，不打仗就种地，这个农夫耕田是士田，战时农夫当兵，士做甲士和小军官，怎么组织？每家出一个人，每五个人为一伍，有伍长；每十伍即五十个人为一戎，有戎长；每四戎即二百人为一卒，有卒长；每十卒即两千人为一旅，有旅长；每五旅为一军，有军长。全国三军，齐国的国君率中军，然后上卿两人各率一军。

在这种情况之下，打着“尊王攘夷”旗号对外扩张，凡是你不听周天子命令的我就讨伐你，带着很多小国一起上阵。最典型就是公元前679年，齐伐楚国，除了齐之外，还有7个小国，什么鲁、宋、陈、卫、郑、许、曹，都与楚国打仗，结果日后齐成为春秋五霸之首。

齐桓公之后，几个国君没有大的作为，但是国家人才济济。150多年以后，到了齐景公在位，任用这晏婴为正卿，齐国的政治又开始清明起来，晏婴也是东夷人，是东夷中的莱地夷维人，也就是今天的莱州。这个晏婴曾经辅佐过齐灵公、齐庄公、齐景公三代，在齐景公时期他的人生事业达到了最高峰，他一生奉行节俭，言行一致，吃饭永远不吃两道菜，穿衣服永远不穿华贵的锦服，在朝廷上不管你是说好话，说坏话，只要是关于他的，他都会正眼以对，他不跟他说话，端正注视，他跟他说话，回答得非常的得体。但是尽管有他，这姜齐也免不了江河日下的命运。

转眼之间，这姜齐结束了。齐国的国君换姓了，换成了姓田的，这就是田齐。不管是姜齐也好，田齐也罢，在我们今天的山东青州发现了大量的姜齐、田齐的东西。其中1984年在青州何官镇杨家营村东边的凤凰台遗址，即东凤凰台遗址，我们发现了一座齐国时期的房屋基础。这为我们研究春秋战国时期的房屋构件奠定了一个很好的基础。古人用土捣实了以后作墙，注土前先夯实墙基，这叫“基”，木材构成房架，每根木栓下面要垫上大石块，垫这大石块叫“础”，这就是基础。在1982年春天的调查中，在凤凰台遗址东南的臧台遗址那儿，我们就出土过一件翘角如飞燕翅膀的房屋构件，由于这种构件里面镶嵌着很多贝壳，亮闪闪的贝壳，所以被称为嵌贝砖。1982 年搞调查的时候就发现这种东西，到 1984 年在凤凰台遗址中又出土了这样东西。您可以去看，这个东西非常的精美，从这里我们可以看到，一个很小的房屋构件，窥一斑可见全豹，你就能知道当年的齐国多么繁华。这是房屋构件。

接下来咱得说棺墓，说到姜齐、田齐，帝王将相、才子佳人，埋在青州的多了去了，比较典型的有太公墓、苏秦墓、陈敬仲冢、二王冢、四王冢。先说太公墓，也就是齐太公田和之墓，这太公墓在哪儿呢？在普通镇程家沟村东侧高岭上，现在我们能看到东西一百九十米，南北八十五米，高三十余米的太公墓，非常壮观。

这苏秦您知道吧，苏秦墓在如今的东夏镇苏埠屯，苏秦是东周洛阳人，很有学问，著名的纵横家，主张合纵抗秦，联合东方六国一块打秦。当时他仇人很多，秦国肯定得害他呀，派来的那仇人已经来到了山东地界。谁是苏秦的仇人？什么时候这苏秦会被杀呀，不好说。苏秦有个主意，对国君说您把我绑起来，就说要把我宰了。您一说要把我宰了，我的仇人肯定特高兴，他肯定得冲出来提前把我杀了。所以这国君就照办了，结果佯装要杀苏秦，那几个仇人隐藏在那里，就出来了，一律拿下。

陈敬仲就是陈完，也叫田完，本来是陈国公子，后来因为陈国动荡，他跑到齐国，齐桓公让他当了百工之长，管理百官，死后埋在朱梁镇，他们家坟头旁边有个村子，叫陈家冢。

二王冢、四王冢都在今天的青州与临淄的边界，二王冢埋的是姜齐桓公和姜齐景公，四王冢埋的是田齐威王、田齐宣王、田齐缗王、田齐襄王，这几位国君的边上还有几十座小的墓冢，这就构成了我们中国先秦时期最大的诸侯王陵古墓群，也是中国历史上最大的古墓群，被称为“东方金字塔”。

说到这儿，我们就再来介绍一下这刀币，据《益都县图志·金石志》记载，1887 年益都城北二十三华里有范王村，村民在挖土的时候，挖到了齐国的刀范一窖，刀范上三个字的居多，也有一些别的字，结果后来被青州市博物馆的人听说了，按图索骥，在1965年又从这范王村征集到了一方两扇齐刀范，它不是币，做刀币的范，模范的范。这个范长27厘米，宽13厘米，两扇一合厚5.7厘米，顶部有模口，里边是三枚齐刀币的钱模。也就是说，这齐国的刀币一铸就能铸出三枚来，不是一枚一枚铸的。为什么在这范王村会出土这个呢？经过我们研究，原来这范王村就是齐国铸造钱币的作坊，由于钱、前不分，所以这个村被称为前范王，简称范王村。这是这个地儿。

青州还有个曹马村，曹马村在1973年有一家人盖房子，取土，又挖出了一小簸箕刀币，结果这人知识不够丰富，又在文革期间，不知道是文物。从地底下挖出刀币来，他觉得，我本来是盖房屋要挖土，我怎么挖出坟来了？肯定是坟里出来的吧。他觉得不吉利，把土也扔了，把这刀币也给捣碎了扔了。但是有人说这刀币是姜太公的老婆马氏给埋的，可以印证“齐地逐夫”这个故事，而且这一簸箕刀币不是从坟里出来的，是从坟外出来的。这就印证了“刀不入墓”的传统说法。

除此之外，在我们山东青州东南弥河镇有东南营、大关营、前营、后营等，对面那个县临朐县还有营子镇，为什么这么多地都叫营呢？你还别说，这个营还真是军营。齐国自从一建国，一直非常重视军事，那军人训练得有专门的驻地，所以众多的驻地刚才咱们讲了，五个人，五十个人，什么两百个人，两千人，一万个人，这些军人的驻地就是营，而这些营是什么呢？恰恰是地处齐国都城临淄与其长城穆陵关隘的中间，是齐国伐莒攻楚的必经之地，可以印证那个时期齐国是相当的强大。

话说到这儿，我们就知道，既然有这么多营地，军人也得花钱吃东西，这样我们就不难理解我们开头讲的那个事情，1974 年王效臣挖地基为什么会挖出那么多的刀币，那是军营里用的刀币。当然说到这儿我们要知道，山东青州有太多太多与齐文化有关的地名，比如说邵庄镇的“王孔”村，那就是齐国的两个将军——王驩和孔巨野两个人带兵镇守之处；普通镇的“车马”村，虽然出土很多土齐刀币，那是齐国驻车屯马的地方；王母宫镇的“范王”村，咱们刚才讲过了；高柳镇的“马兰”村，是齐国养马的马栏。此外当地有很多以“车”、“马”为名的村庄，像石家、盛家、陈家、孙家、鲁家五个车马村，什么杨、陈、孙、郇、马等五个仁马村。这些都是那个时期齐国造车养马的地方。这印证了那个时期的一句话，“万乘之国，必有万金之贾；千乘之国，必有千金之贾”。

上述众多刀币的出土，足以证明辉煌灿烂的齐文化，这辉煌灿烂的齐文化也就是我们青齐文化的一部分，它留给了我们后人更多宝贵的精神和文化财富，这些财富记载着过去，昭示着未来。谢谢！

第三讲

龙兴寺之谜

话说1996年10月的一天，青州市的一所学校正在重建操场，在操场这儿进行施工的时候，这推土机就推出了一大堆文物。咱们都知道，这工地上挖出文物很正常，一般的都是陪葬的棺椁啊、瓶瓶罐罐啊，有时候也有点衣服啊、骨头啊、生产工具、金银财宝啊，都是这些东西。但是，在1996年10月，咱们青州的这个学校的操场出土的东西很怪。考古人员用了七天七夜才把这堆文物都清理出来。您猜是什么？250件以上的佛头像。光佛头像就250件以上，再加上残破的躯体，那一共是400多个。这样大规模的佛像的出土，在全中国、全世界都是极为罕见的，所以这件事马上就成为1996年中国的十大考古发现之一，后来又被评为20世纪百项考古重大发现之一。

佛像出土了，问题也随之而来。这里头为什么会集中埋这么多的佛像？谁埋的？在什么时候埋的？经过考证我们才知道，这个地方不平凡。早先的时候这儿有一个寺庙，这个寺庙据《益都县志》记载，叫龙兴寺。什么时候建的？早在北魏时期就建了。在公元500年前后那已经是远近闻名的大寺院了，可以说在公元500年前后它是整个山东地区的中心寺院。此后，它的香火一直延续了 800 多年的时间，直到明朝的时候才毁于战火。

查到这段历史，那咱就知道，这儿出土这 400 多具佛头像、佛躯体像一定和龙兴寺有关。但是新的问题又随之出现，既然这是寺庙，那我们在出土佛像的同时还应该出土和寺庙有关的柱子呀、桩马呀，都得有才对呀。不，这儿只出土佛像——佛头和佛的躯体。除了佛头像、佛躯体像之外，没别的。而且后来经过艰难的修复，我们发现这些佛像乱七八糟的，是人为地给砸碎的。

这问题就出来了，好好的佛像，谁砸它呀？谁敢砸它呀？这不是大不敬吗？这事谁能干呀？这就引出了史学家们的争议。三种截然不同的观点同时摆了出来。

一种观点认为，佛像是皇上让砸的。中国历史上有三次皇上砸佛像的事，第一次，北魏太武帝灭佛；第二次，北周周武帝灭佛；第三次，唐朝唐武宗灭佛。这三次就是中国历史上的“三武灭佛”。经过我们专家考证，这批佛像建造于公元 5 到 6 世纪，从时间上看，与第一次北魏太武帝灭佛时间很吻合。由此有人就觉得，当时正值南北朝嘛，所以很乱，有可能是这皇上干的。

第二种观点认为，是战争原因。可能是那阵儿老打仗，青州城被攻破以后，这佛像都被砸了。但是，这两种观点都站不住脚，皇上要灭佛，除了要砸佛像，总得把庙也得拆了，还得出土其他东西呀。那些大兵见着佛像就灭？房子不拆也不点？不对。而且这些佛像是集中在一个操场同时出土的啊，所以这两种观点都不对。

第三种观点就出来了，到现在为止，这种观点也是被最多的人接受的一种观点。这种观点认为，青州是当初咱们山东最大的佛像生产基地，不是哪个庙都能生产佛像的，当时咱们山东哪儿生产佛像呢？只有青州生产。如果说制作的佛像每个都是精品，没有残品、没有次品，这不可能，烧制佛像的时候总得有烧残的、烧坏的，对不对？缺胳膊短腿的，拿不出去啊。怎么办？拿不出去，砸碎了？这也不合适呀。只能挖一个坑把它们埋了。所以我们就认为，是龙兴寺的僧人们看到有这么多的佛像被扔掉怪可惜的，毕竟没烧成那也是菩萨啊，祭奠一下，哎呀，菩萨对不住了，您在这儿休息吧。

这事说起来简单，但是咱们重点要说的是那个时代。还得先从佛像开始说，这批佛像咱们今天在青州市博物馆里能看到，那工艺非常高超，样式十分精美。虽然当时的人认为这批佛像不合格，属于残品次品。但是我们今天看来，那还是精品！由此你可以想象到那个时候的人崇佛的心理，稍微有一点点瑕疵都不能拿出去。虽然我们今天觉得这已经很好了，好到什么地步呢？在人物造型上，粗颈高挺。脖子很粗、很高，粗颈高挺，身躯雄浑。在装饰纹样上，有的佛像足部两侧刻出倒悬的龙，或称之为“盘龙”，都是俯首衔莲，四爪，身尾向上呈S形弯转之势。这种风格的佛像有个名称，叫“山东样式”，后来成为全国烧制佛像的著名的一大流派，也就是说那个时候别的地方烧制佛像，必须得照咱们山东青州的学。咱们通常讲照猫画虎、比葫芦画瓢嘛，他们也得照咱们这样式学。所以呢，我们就可以看到龙兴寺出土的佛像之大、跨年代之久、种类之全、雕刻之精、贴金彩绘保持之完好，在我国非常罕见，被学术界称为“改写东方艺术史的重大发现”，这也就说明我们为什么说青州是全国著名的佛像生产中心了。

话说到这儿就有一个新的问题，为什么在南北朝时期，青州能成为全国佛像生产中心？为什么青州有这么高超的工艺？不能不说的是，这儿的经济、政治、文化都很发达。换句话说，在那种全国都战乱的时代，青州那是一个世外桃源。说到这儿就有个问题，咱们刚才讲的龙兴寺，为什么叫龙兴寺？你看一讲赫图阿拉咱就知道，哦，努尔哈赤起家的地方，满洲人从那里走向了全国，对不对？赫图阿拉也是“龙兴”。青州这寺庙能称得上是“龙兴”，是因为青州曾经是一个朝代的都城，出过俩皇帝呢！

这话得从公元 399 年说起，鲜卑族贵族，慕容德在青州建国称帝，定都青州广固城，国号“南燕”，即南燕国。它的历史虽然只有短短的 12 年，但是却使青州成为我们齐鲁大地上唯一的一个有人称帝的地方。那个时候什么时代？五胡十六国，匈奴、鲜卑、羯、氐、羌五个民族在中原的大地先后建立了十几个政权。我们把这十几个政权合起来叫“十六国”。其实您要数啊，还真不是 16 个，19 个呢，但是 19 个国家就叫“十六国”。这慕容是鲜卑人其实他一开始称帝不是在青州，在哪儿呢？在今天的河南省滑县，那时候叫“滑台”。部下拥立他当皇帝，他就当了，但是不能定都在滑县，滑县地处大平原，没法守卫，易攻难守，早晚会被人吃掉。所以呢，他既然叫皇上了，手下就有尚书，这尚书潘聪就说，皇上啊，我跟您说，我给您挑一个好地方，青州。为什么要选青州呢？他自己说："青齐沃壤，号曰东秦，土方二千，户余十万，四塞之固，负海之饶，可谓用武之国。三齐英杰，蓄志以待，孰不思得明主以立尺寸之功！广固者，曹嶷之所营，山川阻峻，足为帝王之都。"

这话什么意思呢？说的是青州这块地方，土地肥沃，方圆两千里，人口十余万，边界坚固，海鲜众多，吃的喝的都特丰富。易守难攻，很多英雄都在这里待着呢，他们都想在一位英明的皇帝的领导之下立下不世之伟业。广固这个地方呢，是后赵的青州刺史曹嶷曾经经营的，这广固城很坚固，放眼整个山东、河南，要选都城，非青州莫属。这就是说出了之所以有人在青州称帝的原因，那就是它的位置优越。这广固城有多坚固？南燕国总共有两代皇帝，慕容德死了以后他的侄子慕容超即位，受到了东晋政权的讨伐，东晋的大将刘裕把慕容超围在广固城足足打了三个多月，一百来天，这广固城才被攻克。三个多月，想一想，南燕国的疆域占有今天的山东的大部分地区，设置了一尹五府，这国都广固城设燕都尹，管辖周边地区。青州不在咱这儿待着了，迁至东莱；并州治阴平，也就是咱们的枣庄；兖州治梁父，也就是现在的新泰；徐州治莒县；幽州治发干，也就是沂水。一尹五府，共辖 15 个郡、82 个县，全境居民 33 万户，上百万人。可以说在南燕统治时期，青州的地界还是比较大的。

南燕国定都在青州，在青州历史上有非常重要的意义，这意义主要有三点。

第一，咱们前面说过，使得青州成为整个山东历史上唯一的有人称帝的地方。有人说，不对啊，青州历史上有啊，齐国、鲁国、薛国、小邾国，那几国不都在山东吗？那些都是诸侯，是王封下的，有的叫公，有的叫侯，不是皇帝。有人说，那不对，咱山东还有菏泽人黄巢建立的大齐政权，但是，他是在西安建立的大齐，没在咱山东。在山东称帝的，就是在青州的慕容德、慕容超。

第二，创立了继东夷文明之后的青州文化的又一次繁荣。历史上记载，慕容德统治时期采取了很多措施富国强兵，几年下来，让当时强大的东晋和北魏不得不对南燕国刮目相看。

第三点，也是最重要的一点，正式开启了青齐文化近 1 000年的发展序列。从公元 399 年慕容德在青齐沃野定都，青州成为山东的政治中心，到明洪武九年（公元 1376 年），明太祖朱元璋为加强对整个山东的控制，将山东行省的中心改为济南府，从青州府迁到济南府，青州的政治中心地位终结，这近1 000年时间的文化我们管它叫“青齐文化”。

说到青齐文化，有什么特色呢？我觉得是“文武双全”。咱先说这“武”，武的那就是青州兵。青州这个地方不光位置好，人也厉害，在中国战争史上有一支非常强悍的军队，这支军队就叫做“青州兵”。这话还得从东汉末年说起，东汉末年爆发黄巾起义，黄巾起义在全国各地都有队伍，但是在朝廷镇压下，各地的黄巾军都被消灭了，被俘的就十多万，先后趋于沉寂。但是所有起义军都沉寂了，山东青州的起义军没有受到较大损失，转眼之间就形成了青州黄巾军，经营了好多年，采取且战且耕的办法，辗转于青、兖、冀三州，发展到百余万人，最后这百余万人集合在兖州地区。黄巾军作战勇敢，人数众多，但是也面临着严重的困难，在冀州与公孙瓒作战的时候辎重尽失，后勤补给缺乏，没有了补给吃什么喝什么呀？只能靠抢劫、抢掠为生。这一抢掠，有的老百姓就不支持了。这个时候青州又有袁绍的部将臧洪与公孙瓒的部将田楷在打仗，所以这上百万人没地方去了，只能去兖州。在这儿黄巾军就遇到了强大的对手——曹操。曹操当时人数不多，训练有素，他抓住了一个好时机，青州黄巾军补给发生困难，所以曹操不与青州黄巾军正面作战，而是采取骚扰战术。在这种情况下，青州黄巾军也在动脑子，我应该争取跟他合作，让他听我的。所以青州黄巾军的首领就给曹操写了一封信，信中说："昔在济南，毁坏神坛，其道乃与中黄太乙同。似若知道，今更迷惑。汉行已尽，黄家当立，天之大运，非君才力所能存也。"什么意思？他说想当年，我看您在济南担任济南相的时候，毁坏过汉家刘氏的神坛，你们跟我是一样的，现在你怎么又保了汉朝了呢？不对，咱们应该合作，应该同心协力推翻汉朝才是。

结果曹操一看，他认为我是他的同道中人呢，那好，咱们联系联系呗。于是双方一边交战一边谈判，几个月之后，这支强大的青州农民武装终于在曹操的所谓宽待的条件下接受收兵。曹操收编的黄巾军 30 万人，另加家属 100 万人，他从这 130 多万人里头选了精兵十余万，号曰"青州兵"，这部分人才是他后来打天下的基础。而且他跟青州黄巾军学会了什么呢，且战且耕。在全国最早推行屯田制的是曹操，曹操跟谁学的呢？就是跟青州兵学的。应该来说，在有青州兵之前，曹操并不得势，有了青州兵之后那就不一样了，招贤纳士，广揽英才，文有文臣，武有武将，威镇山东。他从山东开始崛起，野心开始膨胀，这个时候开始从能臣到奸雄的转化，8 年的时间，曹操的的每一仗，青州兵都在最艰苦的前线，比如说死战濮阳、大破吕布，这是巩固在山东的地位。后来又移兵许昌，操纵汉献帝，挟天子以令诸侯，这都是有青州兵在支持。再后来取徐州，灭袁术，战官渡，败袁绍，下荆州，降刘表，十几年的时间，北方统一。为什么？就是因为有强大的青州兵。最典型的，那就是官渡之战。人家袁绍有数十万大军，曹操当时仅有 7 万人，7 万人分出 5000 人偷袭乌巢粮草。紧接曹操八路大军同时出击，打得这袁绍狼狈逃窜，被杀的 8 万人，还有好多人掉沟里淹死，掉河里淹死，青州兵之骁勇由此可见一斑。

青州兵追随曹操 30 年，始终是单独编制，受到特殊待遇，青州兵死一个征一个，征的这一个人一定是从那一百万人里出，绝不从外面征。这青州兵就是职业兵、世袭兵。当时曹操的军队有三部分：中军、外军、州郡军。青州兵就是中军，只听曹操一人指挥，后来听说曹操死了，这 10 万青州兵开了一个会，大家决定，散了！于是乎，敲着锣打着鼓各回各家，这支青州兵从此在历史上消失了。而且曹操死了，那曹丕马上下令，青州兵要复员回家了，沿途好吃好喝好招待。那时，曹丕很快就称帝了，建立曹魏，曹魏的皇帝都对青州兵不敢说别的。曹操写过一篇文章叫《让县自明本志令》，说我当初做孝廉的时候，只想当一名好的郡守；后来呢，做了典军校尉的时候，我就只想做一名好将军，在死的时候写上“汉故征西将军曹侯之墓”就行了，志向很有限；但是当领兖州牧，破降黄巾 30 万的时候，就有了平天下的志向。换句话说，是青州兵成就了曹操。当然，曹操也成就了青州兵。

说完了武的，咱们再说文的，那就是青齐的士家豪族。从东汉末年开始，从曹魏开始，中国的选官制度就改了，改成什么了呢？改成九品中正制。这九品中正制一出现，马上就导致了“上品无寒门，下品无士族”的这种情况，那世家大族也被称为门阀士族。他们除了有广阔的庄园、领地和显赫的家族势力之外，还有荫客、家兵、部曲、佃户，那佃户部曲一般有好几百人，有的能达到上千家。门阀士族称霸一方，干预中央、干预地方的人事制度，在这个时期全国各地哪儿都一样。尽管战乱，但是咱们青州这儿怎么样，沃野千里，农业发达，交通便利，商贸繁荣，这儿人口聚集得非常之多。所以在咱们青州，南来的北往的那世家大族都在青州扎下了根。因为你想，哪儿乱，一乱人就跑，世家大族带着举家好几千口子人、上万口子人，走！走到哪儿就住到哪儿，他们当时都相中了哪儿，都相中了咱们青州。尤其是南燕慕容德统治时期，那咱们青州的世家大族人非常非常之多，等到了东晋刘裕灭南燕、夷广固，建这个东阳，青州重新回到汉族手里以后，这儿的世家大族人更多了。所以在这个时期，青州地区著名的豪族有崔氏、王氏、房氏、刘氏、高氏、张氏等，这些世家大族凭借着自己的势力左右着当时的时局，比如说南燕国灭亡一个重要原因就是慕容德没有处理好与当地大族的关系，导致他推行的改革措施遭到抵制。

另外这五胡乱华其实也是民族大融合的一个时期，这种民族大融合尤其是在咱们青州得到了弘扬。民族融合的过程是政治、经济、文化、军事，方方面面的融合，这种融合最典型的代表就是一本非常有名的著作，山东青州人贾思勰写的《齐民要术》。这个贾思勰是北魏时期的青州益都人，当时的益都县县治在现在的寿光，但是管辖的地盘也包括青州市的东北部。历史书上没有贾思勰的传记，他的名字能留下来就是因为他写的那本《齐民要术》，从这本书我们知道，贾思勰他们家也是世家大族出身，他是个知识分子，做过官，曾经做过北魏的青州高阳郡太守，就在现在临淄北边。他还去过河北、河南、山西等地当官，晚年回乡经营农牧业生产，并撰写了这本《齐民要术》。《齐民要术》的内容非常丰富，10 卷，92 篇，11 万字，集西周到北魏农牧业、手工业的知识、技术和经验之大成，分别记载了谷物、蔬菜、果树、林木、特种植物的栽培方法，还介绍了浸种、育种、施肥、浇灌、防病防虫等方面的全套技术，还传播了饲养家禽、家畜以及养鱼、养蚕的经验，还有农副产品的加工、油盐酱醋的酿造、生产日用品的生产，凡是与人有关的，这本书都非常详细地记述。这本书是一部中国古代农林牧副渔外加手工业各方面知识的百科全书。

话说到这儿我们就要知道，这本百科全书《齐民要术》能在青州诞生不是偶然的，因为这儿沃野千里，气候适宜，四季分明，雨量集中在夏季，湿热同步，非常适合农业生产；又长期是整个山东的政治、经济、文化中心，当地的领导也重视农桑；再加上青州这个地儿有极大的包容性和开放性，还有贾思勰自己在青州、寿光、临淄一带长期观察、亲自实验，这样才有了《齐民要术》这朵绚丽的花朵的出现。

转眼之间我们说到了南北朝末期，这东魏和北齐为了巩固自己的统治采取了很多措施，最重要的一个措施就是调整郡县体系，这一调整，在公元556年，即北齐天保7年，这北齐政权撤销了临淄等县，把益都县志迁回到青州城，当时的益都县很大，包括今天的临淄、寿光南部、昌乐东部，益都县与青州齐郡，同治一城。周边各地都归属青州齐郡，从此以后，青州正式取代临淄，成为山东三齐大地的政治、军事中心，齐文化从此正式改称为“青齐文化”。

第四讲

盛世花开丝绸路

上一讲我们给大家介绍了青州佛像之谜，在介绍青州佛像之谜的时候我们曾经说什么呢，说这批佛像出土在原来的青州的龙兴寺。这龙兴寺的名字和中国历史上唯一的女皇帝武则天有很大的关系。有什么关系呢？我告诉你。

这龙兴寺一开始不叫龙兴寺，它的名字几经变迁。在690年的时候，这已经当过皇后、皇太后的武则天想当皇上了。哎哟，想当皇上得找借口啊。你怎么能当皇上呢？中国历史上皇上都是男的，女的能当皇上？你得找一个由头啊。找，派人找。正好洛阳白马寺有一和尚叫冯小宝，冯小宝带领手下一干人等翻佛教的经典。你想中国从印度引进的佛教经典，那成千上万卷，读不完呢。所以很多人也都没读完，和尚也不见得都读过，所以这冯小宝就翻书。哎，翻着一本书叫《大云经》，《大云经》里写着这样一段话，“弥勒下生做女王，微服天下。”

对了，说将来这中国呀，谁是领导人呢？是个女的，一个女人要当皇上。这是《大云经》里的话，然后，结果冯小宝就编“仪式革命”（音），就说武则天是弥勒下生，当代唐做“阎浮提主”（音），所谓的阎浮提主就是人世的君主。

这就好了，武则天马上下令，改唐为周，在全国修建大云寺，所有和尚背诵《大云经》，要宣扬君权神授，一时之间全国修起了众多的大云寺。

这会儿咱就要说到这龙兴寺了，龙兴寺不叫龙兴寺，当然也不叫大云寺，它叫什么呢，原来叫长乐寺，隋朝的时候叫长乐寺，也叫道藏寺。这武则天下令，全国很多庙都得改名，所以这青州长乐寺才被改名为大云寺，论规模它是全国八大大云寺之一，全国有很多大云寺，大的大云寺一共有八个，青州这大云寺是全国八大大云寺之一。

再后来武则天死了，武氏家族也被铲得差不多了，唐玄宗继位，这江山不姓武了，这国家不叫周了，这江山又姓李了，这国家又叫唐了。李唐王朝的唐玄宗，这时候心说，姓武的，天下回到俺们家了，俺们姓李的夺回来了，皇上是俺家的了，改！全国所有的大云寺改名，都改叫龙兴寺。名字改了，原来呢，这叫大云寺的时候，咱们青州这大云寺是全国八大大云寺之一，都改叫龙兴寺了，依然没有改变的是这青州的龙兴寺是全国八大龙兴寺之一。这个“龙兴”就隐含了唐朝李氏战胜了这周的武后势力，重新夺取政权的含义。

接下来我们要说这龙兴寺有多大，龙兴寺唐朝的时候占地约百亩，最早是一个叫刘善明的人舍宅建寺，所以它跟中国其他的寺庙不一样，规模不一样。它是传统的庭院式布局，此后不断地扩建，到北齐时那已经是庙宇林立了。……公元573年那阵儿它也不叫长乐寺，叫什么呢，那阵儿叫南阳寺。那阵儿有一个碑帖，有一石碑，这石碑叫《临淮王像碑》，就描写了当时尚叫南阳寺的这龙兴寺的规模，说“南阳寺者，乃正东之甲寺也。即左通阛阓，亦右凭涧谷，前望崛磐，却临沵湃。层图迈于涌塔，秘宇齐于化宫……遂于此所爰营佛寺，制无量寿像一区，高三丈九尺，并造观世音、大势至二大士而侠侍焉”。

这段话的意思是什么呢？南阳寺是整个东方规模最大的一个寺院，左边就是青州闹市区，右边就是南阳河，前边是山，后边是泽，风光秀丽，交通方便。里头有几尊菩萨，其中的一尊佛象三丈九尺，约合十米多高，是当时全国最高的几尊佛教之一。那个时候香火一直很盛，青州地区善男信女很多，这些善男信女们不仅仅都是中国人，还有什么新罗人、日本人等，各地各国的人也都来咱这儿，为什么外国也来？

这个呀，还得从唐朝的青州说起。唐朝经过“贞观之治”、“开元盛世”，经济繁荣、政治稳定，达到了鼎盛时期。不过这个时期青州的名字几经改变，一开始叫青州，到唐玄宗天宝初年又改称北海郡，后来又改称青州。虽然说一会儿叫青州，一会儿叫北海郡，但是下辖的县没变化，一直是七个，益都、北海、临朐、临淄、千乘、博昌、寿光七县。叫北海郡的时候，北海郡的郡治也在青州，北海县的县治在今天潍坊市的潍城区。这是北海郡的关系。

鉴于青州的重要地位，主要是军事地位重要，所以唐朝设青州总管府，后来又叫青州都督府，最初专理军不管民，下辖青、密、莒三州之军事，后来朝廷为了加强力量，准许这青州都督带时持节，从此以后就叫节度使。

我们的问题在于，那么这个时候青州也好，北海郡也好，到底社会面貌什么样啊？咱们可以用个词叫“非常繁荣”。繁荣的第一个表现是什么？人多。人多到什么地步？魏晋南北朝经历三百年战乱，人口迅速减少，但是到了唐朝前期，一百余年，青州七县人口增加到了42万人，比魏晋南北朝最乱的时候增加了7倍多。人口的增加再加上唐朝时兴均田制，租庸调制，贯彻休养生息政策，奖励农耕的政策，大量的荒田得以开发。开发的结果是粮食大丰收。粮食大丰收之后问题就来了，谷贱伤农。据《资治通鉴》记载，青州的粮食价格斗米不过三、四钱，三个铜板能买一斗米，这太便宜了，是当时全国平均价格的五分之一，全国平均价格 15 ~ 20 个钱，由此我们可以看到那时的青州是如何的繁荣富饶。

今天山东人的热情好客都是从唐朝时期的青州开始。为什么？你想，那时候朝廷里如果有人要到山东，到青州这边来，青州人必厚加款待，临了吃完了还得拿，你不拿不行，人家送你啊。非得送你，你非拿不可。这在前朝从来没有过，所以我们可以看到这时期的青州非常的繁荣。除了传统的谷、粟、豆之外，还大量种植小麦、水稻等高产作物，以备战争之需，朝廷经常从青州这儿征粮，为什么呢？青州这儿的粮食便宜。

这个时期山东经济的发展情况是，西部的兖州、曹州、齐州人口密集、交通方便，经济发达，但是东部的莱州、登州就相对落后。青州恰巧在东西部结合的枢纽，地理位置十分重要，朝廷也十分重视。为此，朝廷专门针对青州有一些措施，促进青州的发展。比如说赋税方面，青州及其以东地区就轻，往西那就重，这对青州的发展是很有利的。

不过刚才咱们说的是农业，这个时期青州的位置可不仅仅是农业发达，那要说起手工业更发达，与盛唐时期的丝绸之路有着相当重要的关系。农业的发达自然促进了手工业的发展，所以在这个时期青州的手工业走在了时代的前列，尤其是青州的丝绸。现在青州博物馆珍藏着一组九幅画像的石板，这九幅画像的石板是唐朝前期的，其中有两幅画像一个是商旅驼运图，还有一幅是贸易商谈图，表现了青州商人与西域商人做买卖的情景。

由这儿我们可以看到，虽然说丝绸之路的起点是长安，但是丝绸之路的源头在青州。什么意思呢？长安带走的丝绸是从咱们青州这儿运过去的。你还别不信，很多文学作品描述的都是青州的事。比如说大诗圣杜甫诗中的，“齐纨鲁缟车班班，男耕女织不相失”，这说的是咱们青州；再比如说大诗人李白，“百里鸡犬静，千庐机杼鸣”，这写的都是咱们山东青州。青州当时出的丝绸最好的是什么，“仙纹绫”驰名全国，是专门给皇室的贡品，而且青州有专门管理丝绸业的机构，丝绸的收入是青州政府最重要的收入来源，那个时候青州丝绸在全国都有名。

当时有这么一句话叫“北绢南布”，北方人擅长织绢，南方人擅长织布，所以著名的大臣薛兼训担任浙江节度使的时候，告诉他们，你们要想讨老婆，都到青、徐两地讨老婆去，为什么？那边的女人会织绢，绢就比布好听啊，质量也好啊。所以后来南方的绢也逐渐有名，那都是跟咱青州学的。

除了丝绸业，当时青州的冶铁、制盐、陶瓷业都很兴盛。说到陶瓷，咱必须得讲讲唐三彩，注意，唐三彩是冥器，再有名，咱这儿储存再多，也不要把那唐三彩摆在咱们家桌上，哪儿都不能摆，唐三彩就是死人棺材里专有专用的，活人不摆那个。这唐三彩在全国的中心当然最主要的是河南巩义市，现在叫巩义市，以前叫巩县，就是大诗圣杜甫的故乡。另外一个中心那就是咱们青州，青州的唐三彩也是非常有名，现在咱们青州出土并珍藏在青州博物馆的唐三彩四系罐，口径2.3厘米，高6.8厘米，底径2.8厘米，腹呈球形，通体由淡黄、石黄、淡绿三种釉料点彩形成图案，色彩雅致，造型美观，是唐三彩传下来的精品中的精品。

除了这个之外，青州的商业也很发达。唐朝规定县治以上均可设市，这个市就是交易的市场，这设市以后呢，任命“市令”、“仓督”管理。青州地处交通要道，水路、陆路都是非常重要的。所以青州的市不是一个，有三个。东门、北门、西门外，三个市。这市中午12点开张营业，太阳落山前关张。我一说到这儿，您才发现，啊，卖东西的12点才卖呀？对呀。几点关呢？3点半左右就得关，对啊，就是那样，这就是唐朝，不像我们现在买东西那么容易。好在青州这儿有三个市场。长安城有几个市场？长安城才俩，东市、西市，咱们青州就有仨，比长安城还多一个呢。卖东西的人非常赚钱，当时有一个青州人李清，世代经营染织业，子孙后代很多很多，他的故事被编在了《醒世恒言》里，咱们待会儿再说。

同时，青州交通非常发达。当时谁都想控制青州，包括朝鲜的许多人。那时候朝鲜半岛的人叫新罗人，新罗人来咱们青州各处，或居住，或经商，尤其是在高丽人李正己割据青州的时候，尤为兴盛。青、莱、登这三州都有专门供新罗人住的新罗坊，有接待他们的旅馆叫新罗馆，有专门管理他们的机构叫勾当新罗所。这是管他们的。唐朝还在平卢淄青镇设押新罗、渤海两蕃使，由节度使担任，李正己还有薛平等人都兼任此职。

这个时期青州最有名的故事就是李清的故事，他被人编进了《醒世恒言》中的“李道人独步云门”，这是个什么故事呢？

话说这青州李清，住在青州城内，非常发达，家里很有钱。过 50 岁生日之前告诉子孙后代，你们今年什么礼物都不要给我拿，不用带礼物，你们就给我带一根绳子就行，又粗又长的绳子。结果这子孙好几百人都来了，子孙们都纳闷，要绳子干吗呀？只见他把这所有的绳子都拴一块儿了，把所有的绳子连成一根，然后告诉子孙们说，你们跟着我走。到一个石窟，在这石窟加一个大辘轳，把绳子一端拴一个筐，另一端拴在辘轳上，然后呢，他坐在筐里，让人往下放，放啊放啊，后来没动静了。家人们觉得不对劲，赶紧拉上来吧，筐拉上来了，人不知道哪儿去了。

到底李清哪儿去了呢？原来李清坐在筐里，到了这石窟的底部，发现石缝中有光线，顺着这石缝往里走，发现里头有一个大的空场，中间有俩茅屋，屋前放着一张石桌，有两个白须老者在那儿下棋，周围奇花异草，种着许多果木。李清感觉到饿了，摘了一个果子，一边吃一边看两位老者下棋。观棋不语真君子，一盘棋下完了，其中一位老者问："你叫什么名字？"李清赶紧下跪说："我叫李清，特意前来向两位仙人拜师学艺。"这两位老者一看，行，那就收你吧。过了一段时间，这两位老者说："李清，我们今天要拜访另外一位仙人去，这七天你千万不要推开屋子的后窗户，切记，过了七天我们就回来。"结果人家走了，六天过去了，李清都没有开窗户，第七天，经不起诱惑了，你为什么不让我推啊？等到第七天实在憋不住了。

这一推窗户，李清被一股巨大的力量推出来了，原来外面就是青州城，一打听时间过去好几百年了，他的儿子、孙子、重孙子、重重孙子都死了，他还很年轻，比他的七、八代孙子还年轻，谁都不认识他了。正好赶上青州当时瘟疫流行，李清给人治病，治愈了很多很多。

当然这是故事，不一定是真的。但是咱们下面要讲的那可是真的。要说唐朝，首先你想到是什么？“李杜文章在”，首先想到的是诗仙、诗圣。诗仙、诗圣俩人曾经在公元 744 年也就是天宝三年相约明年联袂来青州。

见一个人，这个人是当时著名的学者、书法家、时任北海太守的李邕。问题就出来了，他们为什么要见李邕啊，肯定是脾气相投呗。这里面还有故事。

原来这李杜二人以前没见过面，天宝三年他们俩是第一次见面，当时李白 43 岁，杜甫 32 岁。两位诗坛巨人在洛阳见的面。这诗圣要到长安考试去，诗仙说我在长安都待烦了，咱俩玩去吧。上哪儿玩去呢？找高适玩去吧，他们俩就找高适玩去了。一路之上，玩了个够。在跟高适相处的时期，他们听了一个关于李邕的故事。

这李邕公元 678 年出生，是广陵江都人，也就是今天的江苏扬州人，少年成名，担任过左拾遗、户部员外郎等官职，因为这个人不避权贵，直言抗争，几次遭人陷害，最后在朝中不能待得长久，只能担任地方官。话说公元 725 年唐玄宗到山东封泰山，泰山封禅回来路过汴州，李邕当时在郴州那儿当官，一听皇上来了，我从郴州到汴州，见见皇上吧，赶过来拍皇上马屁，还给皇上写了几篇赋辞，结果皇上一看写得挺好的，李邕就有点飘飘然。这唐玄宗问他，你觉得你能当什么官？李邕回答，我啊，我最适合的就是相位，就是你让我当丞相比较合适，其实他就一郴州刺史，离丞相还老远。当时的丞相是中书令张说，结果被他听说了。

再后来，李邕在郴州挪用公款，李邕这人有个毛病，比如你到我们这儿来吃饭，我一看家里没有钱，先从公家支，支完了再还，有的时候支了就忘了还，所以挪用公款，待朋友。这事发了，结果被人告了，被贬为青州遵化县尉，好在当时有一个叫孔张（音）的人上书说不能这样。素不相识的孔张替他辩护，结果皇上很生气，把孔张也流放了，孔张到了广东就去世了。生死之交，从未见面，哎呀，真是朋友。

此后的李邕，诗词写得好，官也干得不错，最后又被调回到青州，那时候叫北海太守，所以人称李北海。在担任北海太守的时候，我们知道这个人很了不起了。前面咱们讲那个《临淮王像碑》，那个上头就有他刻的字，现在这碑在青州博物馆，这个时期的李邕一如既往的结交名士，声名远播，所以在那个时期豪放、奢侈，吃、喝，只要有朋友就善待。这一点跟李白就很相似，李白也是“千金散尽还复来”的，是个“五花马，千金裘，呼儿将出换美酒”的主儿。所以李白一听，跟我像，走，找他喝酒去！

于是乎，公元 745 年诗仙、诗圣两个人就来到了益都，见到了李邕，刚一见到李邕，就听说了关于李邕的一个故事，有一个女子，丈夫被人谋害，女子持刀复仇，刺杀真凶，结果被人家捉拿，下了监狱，罪当极刑。这时候李邕奋不顾身上书朝廷，救下了这个女子。李白有感于李邕拔刀相助的仗义行为，马上就写了《东海有勇妇》这一首诗来夸赞李邕，一方面讴歌了东海勇妇的行为，另外一方面也赞扬了李邕体察民情、报请朝廷的做法，表现了诗人除暴安良的侠义思想。

李白来到北海，来到益都，尽管有希求人家提拔自己的

李杜访李邕

成分，但主要原因还是与李邕二人心气相通，结果在这儿住了一段时间，有的时候一块儿吃，有的时候一块儿寻仙、求箓，也登高龙门山，后来也写过一些《上李邕》之类的诗，比如：大鹏一日同风起，扶摇直上九万里。假令风歇时下来，犹能簸却沧溟水。时人见我恒殊调，见余大言皆冷笑。宣父犹能畏后生，丈夫未可轻年少。表现了李白也有过被谗言中伤、官位不畅的经历，但是仍然想腾飞。所以李邕、李白、杜甫这三个人的这次见面，我们可以看到，给青州留下了浓重的一笔。

但是人也不能老在一个地方待着呀，有聚就有散，所以转眼之间几个人就要走了。这儿我们要知道，李白跟杜甫不一样，人家诗圣早年二十多岁的时候曾经有过两次出游，诗圣的爸爸是个大官，所以诗圣早年就有过两次游历，一次是上吴越，也就是江浙一带，另外一次是齐赵，也就是山东、河北一带。在山东、河北这一带具体游了哪些地方不知道，因为没有记录，但是从他晚年写的诗中我们知道，他肯定来过咱们青州，为啥呢？杜甫晚年有首诗叫《壮游》："……放荡齐赵间，裘马颇轻狂。春歌丛台上，冬猎青丘旁。呼鹰皂枥林，逐兽云雪岗。射飞曾纵鞚，引臂落鹙鸧。……"青丘在哪儿？青丘就在咱们青州啊，那是当年齐景公狩猎的地儿，青丘、皂枥林、云雪岗都是青州的地名，只有那丛台是河北邯郸，所以我们能够看出来，当年诗圣在这儿打过猎，还百发百中。李白来这儿可是初次，话说这次为什么要分手呢？因为李邕的儿子李知芳（音）升官了，人家来到了济南府，盖了一个新的小楼，邀请父亲以及父亲的朋友一块儿来参观他的别墅，结果一行几人就来了。诗圣继续和李邕一块玩儿，诗仙自己找高天师去了——李白老愿长生不老，跟道教的人士混得挺熟的。所以两个人后来又再度分别，李、杜两个人相约他年还要再见面。

但是谁也没有想到的是，他们的这一别就是三个人中最后的永别。此后三人谁都没有再见面，李邕在两年以后遭到奸相李林甫的政治迫害，被杖杀——拿大棍子活活打死。结果他被打死的消息诗圣很快就知道了，诗圣马上写了《八哀·赠李邕》，这首诗中写道："忆昔临淄亭，酒酣托未契。重叙东都别，朝阴改轩砌。"还有其他的一些。后来李白也知道了，对李邕的被迫害致死很是愤慨，马上写诗："君不见李北海，英风豪气今何在！君不见裴尚书，土坟三尺蒿棘居！"

发生在一千二百多年前齐鲁大地上的故事，时至今日仍然让我们一歌三叹。说到这里，我们就有个问题，唐朝的诗仙、诗圣都在咱们青州留下过足迹，历史的车轮到了宋朝的时候，青州这里引来了更多的文人墨客，范仲淹、李清照、赵匡胤……他们和青州之间又有着哪些割不断、扯不断的联系呢？咱们下次再讲。

第五讲

宋朝名士文化之谜

前面我们给大家讲到，青州在中国历史上应该说会占有着浓重的一笔，因为它历史悠久、文化灿烂，不少文人墨客都曾经在我们的青州生活和工作过。

我们今天这一讲所要给大家讲的便是宋朝的文人墨客在青州的足迹。

在讲宋朝的文人墨客之前，我们得先讲一讲宋朝的开国皇帝赵匡胤，这宋朝的开国皇帝赵匡胤咱们都很熟悉，公元960年他发动陈桥兵变，黄袍加身，逼迫年仅8岁的周恭帝柴宗训退位，自己做了皇帝，随后南征北战、东征西杀，一条军棍打出了300军州。从公元960年到1279年，三百多年的大宋江山就由他打下来了。不为一般人所知的是，在咱们青州有很多关于赵匡胤的传说。

传说之一：五代末年，赵匡胤曾经避难来到青州的东南山区，因为生病住在一个叫圣水峪村的地方，圣水峪村有个小庙，他就住在那小庙里。当时小庙的道长还有村民对他以礼相待，倍加关照，给他送吃的、送喝的，请来医生为他诊脉。结果看好了病，在那儿养了两三个月，人们才知道他叫赵匡胤。后来赵匡胤做了皇帝，对此念念不忘，特赐圣水峪村的小庙一个名字，叫“养老院”，庙内可以供奉“皇帝万万岁”这五个字的牌位，并传下圣旨，这个小庙周边东至弥河、西到黑山这么一块地方，百姓不必纳粮——不交皇粮，只交庙粮。庙粮跟皇粮就不一样了，小庙里有几个人啊，只供他们吃就可以了。后来这“圣水峪”村逐渐就演变成为“养老院”村。现在青州市弥河镇就有上院、下院二村，就是当年的养老院村，这个村里到现在还有一个小庙。

传说之二：青州西南山区有一风景名胜之地——仰天山，山中陡崖壁立千仞，有个崖，很陡，人送外号叫“佛光崖”。崖前有个文殊寺，这个寺庙为北宋初年所建。为什么建呢？传说赵匡胤落难青州，夜间做了一个梦，梦见有一处地方山清水秀、风景优美、禅音袅袅、佛光普照。第二天走到仰天山一看，这景不就是我梦里的吗？大为惊异。后来他做了皇帝就下旨在仰天山建文殊寺，以纪念梦中吉兆。

传说之三：赵匡胤颠沛流离，困苦疲乏，走到青州以南的董沟村，住进了董家店。但是他住旅店，人家不知道他是好人还是坏人，店主人觉得行踪可疑，于是便趁他熟睡之机告到官府。偏巧，赵匡胤心中有事，睡不安稳，一连做了三个恶梦，整个这好好的一觉被三次惊醒。第三次惊醒的时候他发现官军追他来了，赶忙逃跑。在逃跑的过程中躲进了荒山中的荆棘丛。等到第二天早晨天亮，官兵没找着他就撤走了。结果在这荆棘地里头睡了大半宿的赵匡胤发现，尽管荆棘漫山，但是自己居然毫发无损。不对呀，我睡野地里怎么能毫发无损呢？结果再一观察呀，这漫山的荆棘跟别处的不一样，别处的荆棘都是倒钩刺，它这儿的荆棘呢，是顺钩刺，不扎人。赵匡胤后来做了皇帝，想起这段故事，于是乎就下旨在董沟村建了一个庙，这个庙不叫三觉（jiào）庙，叫三觉（jué）庙。三次觉被惊醒了，三觉庙，逐渐演化为村名。现在青州市王坟镇有个逄山，到现在它那儿的荆棘树都不长倒钩刺，人们管这叫“顺王刺”，加以保护。

赵匡胤三觉
三覺廟

你看，传说中这赵匡胤来过青州，还留下了上述三段故事。但是赵匡胤真的来过青州吗？咱们还得看看历史怎么记载。据历史记载，赵匡胤生在五代乱世时期的洛阳，他的父亲叫赵弘殷，在后唐禁军中担任一个中级军官，赵匡胤从小就有天分，不但书读得好，也练就了一身出色的武功。但是五代战乱不已，他就跟父亲说自己想出外见识见识。结果呢，正好赶上他们家也穷，所以他父亲就批准了他这要求，21 岁的他离家出走，开始了三年的漫游生活。他想闯荡一番，三年的漫游啊，先是去陕西拜访父亲的几位好友，但是世态炎凉，人家一看赵家已经穷了，所以就也没给他钱，也没给他谋个职位，就把他打发了，拒之门外了。再后来呢，赵匡胤囊中如洗，没办法，利用手头仅有的一点钱赌博，结果赌博的过程当中，赵匡胤手气还很好。但是有个问题，一个外乡人在别人的地盘上赌博，还老赢，结果人家那些人合起伙来揍了他一顿，把他身上的钱抢了个精光，日后就留下了这么一句歇后语，叫“赵匡胤赌钱——许输不许赢”。

在陕西没法待了，赵匡胤直接奔湖北襄阳，一个寺院里的老僧一看，这人相貌不平凡，我得指点他一下，就对他说：乱世出英雄啊，北方战乱不已，你得往北去啊。你不能往南啊，南边太平盛世，你谋个职位也比较容易，将来你这辈子就混不出来了，傻小子！往北去，哪儿乱去哪儿，这才显示出你的本事。赵匡胤一听，有道理，那咱就往北去，于是就听了老和尚的指点，开始往北。这样就奔了山东、河北一带了，他高高兴兴奔山东、河北这一带，企图寻找发达的契机，结果怎么样，这就有了在青州的这些故事，应该来说既然他来过山东、来过河北，那他来到青州也是极有可能的，但是历史上对于他在山东、河北的行踪记载得太少了，所以我们也不敢下断言。

我们再说说北宋时期的青州，下辖6个县，这是北宋初年，到公元997年的时候，这北宋改了章程，汴梁（今开封）以东设京东路治所，京东路这路就在青州。此时的青州是京东路的驻地，管辖1个府、15个州、4个军、2个国监，下辖 81 个县，包括今天山东全境还有河南、安徽、江苏的一部分，那个时期青州管的地盘太大了。所以后来觉得实在不行，管不过来了，在 1074 年京东路又拆成两半，一个叫京东东路，一个叫京东西路，其中京东东路治所仍然在青州，管辖 1 府、1 军、7 州、38 个县。这个时期的青州是京东路和京东东路的治所，北宋重镇。所以这个时期在青州担任知州的大多数官员同时兼任这京东路或者是京东东路的安抚使，而且很多都是朝廷要员任职，这要员中有名气的有十多个呢，寇准、富弼、范仲淹、文彦博、欧阳修都在青州任职过。这中间最早来咱们青州工作的名人就是寇准了，公元 993 年寇准以左谏议大夫这个官职兼任青州知州，任职一年。一年之后调回朝廷担任参知政事，参知政事王安石也干过这活儿。这是一个什么官职？这官职就相当于副宰相，也就是我们今天所说的国务院副总理。

问题在于寇准怎么在青州待了一年就回去了呢？过去有一本书叫《石林燕语》记载，寇准这个人特好玩、特有意思，讲究吃喝玩乐、讲排场，当年他担任枢密副使的时候，宴会宾客时常常张灯结彩，大事铺张，请好多人、好多桌，然后还要请一班戏子，唱戏的、跳舞的，这班小戏子24个人跳一种“柘枝舞”，尽兴方归。你想，那边跳着舞，这边得喝着酒啊，人酒一喝多了不就颠颠的嘛，人家就给寇准送了一个外号，叫“柘枝颠”，会跳“柘枝舞”的人。结果因为这个，朝廷觉得寇准个人生活有问题，不符合规矩，把他打发到青州。但是把他打发到青州以后皇上还惦记他，所以经常就问手下寇准在青州的情况怎么样。有人就想，准是皇上又想用他了。人家不想让他上来呀，所以就跟皇上说，您忘不了寇准，寇准可没想着您！人家在青州那儿天天喝呀、跳呀，还跟以前一样呢，一点没改，您就别惦记他了，忘了他吧。皇上说不行，我离不开他，还得把他调回来。这样，在咱们青州待了一年的寇准重新上调到中央。

寇准的故事说完了，咱们再说富弼。富弼这个人大家可能不熟，他是范仲淹的好朋友，也可以说是忘年交。他们可不是同年龄段的，富弼比范仲淹小好多岁呢，范仲淹人家早就出名了，富弼呢，那个时候还是个小孩呢，写的文章被范仲淹看到了，范仲淹一看，王佐才也，这人有本事。范仲俺还拿这文章给王曾、晏殊这些人看，所有的人都赞不绝口。北宋大文学家晏殊还把自己的女儿嫁给富弼。1047 年，富弼升任枢密副使，与范仲淹、欧阳修等人共同主持庆历新政。但是改革失败了，遭到了保守势力的阻挠。失败以后富弼以资政殿学士加给事中的身份治青州，担任青州知州，并兼任京东路安抚使。那个时候正好赶上河朔一带全北方的水灾，大量的山西、内蒙周边的，外边整个陕西的老百姓外逃。逃到青州的，富弼都加以妥善安置，灾民们一听，别处都不管，只有这儿管，乌泱乌泱60 多万灾民全都来青州了。青州一共多少人？青州一共都不到 60 万人，现在来了 60 万灾民，你想这是多可怕的一件事啊！怎么办呢？当时人都觉得，不能要这么多灾民，得把他们赶走，但是富弼说，那哪儿行啊，60 万人呢。我堂堂父母官，人家来到我这儿了，我能不管吗？于是命令整个青州地界的所有富户开仓散粮，捐献粮食，按计划供应灾民，并下令所有山坡、树林、湖泊的野果和鱼可以随便采摘、随便捕捞。这样，

知青州富弼

第二年青州小麦又丰收了，发给这60万灾民，想回家的发给路上用的粮食，不回家的从中间招募一万多青壮年当兵，结果迅速解决了问题。富弼跟别人的做法不一样在哪儿？以前救灾怎么救？灾民都得往城里涌啊，在城里头大街小巷都住满了人，搭着帐篷。这样会有个问题，有了传染病怎么办呀？灾民嘛，本身就会带传染病来，身体素质又不好，吃了上顿没下顿，动不动跟街上的死尸住一块儿，很危险。政府一般都对灾民采取一种特定的办法，就是支一口大锅，锅里头只熬粥，每个人天天喝粥。有劲的还行，能抢点粥，那岁数大的、抢不到的、身体差的，就得活活饿死。富弼不是这样，富弼不让这么多人都住城里，而是把更多的人打发到农村去，每家每户添一两个人，这样照顾着就行了。所以他这个办法就造成了人没有大量的拥挤在青州城里，整个青州所有村庄都接济了灾民，一家管一个人还是有可能的，人员疏散了，大规模的瘟疫也没流行起来，所以灾民也都过得很好。从此以后，各地纷纷仿效他这种做法。富弼在咱们青州待了两年，留下了很好的声望，当他走了大家仍怀念他，就在这个瀑水涧旁修筑了一个叫“富公亭”的亭子来纪念他。

知青州范仲淹

他走了之后谁来了呢？范仲淹接了他的班。我们再说这个范仲淹，范仲淹是苏州吴县人，26 岁的时候考上进士，在很多地方都当过地方官，1043 年，54 岁的范仲淹担任了参知政事，与富弼、韩琦等人一起主持庆历新政，结果新政失败，范仲淹先后被贬到邓州、杭州和青州为地方官。不管在哪儿，范仲淹一直是心忧天下，一点也没有颓废消沉。1051 年，范仲淹调任青州，接任富弼任知州，这个时候他已经岁数很大了，60 多岁的人了，带病处理工作。那我们再说这两年，富弼救济过的灾民刚走，河北又闹水灾了，又来了一批新的难民，滞留到青州，这就造成青州的粮食价格大幅度上涨。按照朝廷的规定，青州的百姓要缴纳皇粮，要到哪儿去交呢？得到博州，也就是今天山东聊城，聊城在哪儿啊？鲁西南。青州在哪儿啊？鲁北。跑大老远的去交粮食，你说你挑 100 斤去，路上就得吃 80 斤吧。所以明明需要交 20 斤粮食，却得带 100 斤去，很多都被自己吃掉了。范仲淹一调查，说博州那边没有灾民，所以那边的粮食很便宜，当时范仲淹就想了一个高明的主意，咱们不用交粮食了，咱们交钱吧，咱们这儿粮食不是贵吗？有很多灾民对不对？你把粮食卖了，你把钱给我，我替你去博州买了粮食，在当地买粮食，直接交公粮不就完了吗？大家还挺高兴，交完了粮食自己就不用去了，还可以干家里的活儿，很简单吧。结果没想到，范仲淹在那儿买了粮食交了公粮以后钱还富余了，按家按户退钱，这是从来没有过的事啊，所以老百姓都特别喜欢范仲淹。再说范仲淹不仅仅是治理经济的行家，还是个著名的大夫，专治红眼病的大夫，这红眼病不是官场红眼病，是真红眼病。有一阵子青州地区流行红眼病，蔓延多年，谁都治不好，范仲淹亲自搜集民间验方，和老中医们精心研究，利用清澈的阳河泉水调制，制成了青州白丸，有不少人用它治好了红眼病。后来范仲淹就把这个阳泉河水这个清泉起名叫醴泉，在醴泉旁边建了一亭子。再后来人们就以这亭子为中心，建立了范公井亭。并以这个亭子为核心，继续扩大，建立了三贤祠，纪念范仲淹、富弼和欧阳修。

说到欧阳修了，先说两首诗，跟欧阳修有关系的，“偷得青州一岁闲，四时终日对孱颜。须知我是爱山者，无一诗中不说山。”“醉翁到处不曾醒，问向青州作么生。公退留宾夸酒美，睡余欹枕看山横。”你看，在这三个人当中，谁最喜欢青州啊？欧阳修。北宋著名的文学家、史学家、政治家欧阳修也参与过庆历新政，新政失败以后，他被发配到滁州

知青州欧阳修

做知州，写了《醉翁亭记》。再后来朝廷因为他的文名太盛，所以重新起用他，但是此时他的主要志向已转为革新文风，此后他就领导了著名的“诗文革新”运动，成了公认的文坛领袖。

到了1067年，欧阳修又犯错了，犯什么错呢？皇帝丧期内他穿了一件紫色的衣服。皇帝丧期得穿褐色、黑色的衣服，哪能穿大红大紫的？所以他犯错误了，出知亳州。1068年转兵部尚书知青州，王安石那阵儿在朝廷，要调欧阳修到青州来当官，欧阳修不来。结果朝廷接连催他几次，六次下诏，你来也得来，不来也得来。他跟皇上辩解，写了三回书信，以自己年岁接近退休为由拒不出任。最后王安石劝他，青州是海岱名都，姜太公的封地，又是安抚京东路的军事重镇，只有你这样的国家领导人、国家元勋才能管得了。也不知道是欧阳修拗不过这王安石，还是咱们这个青州确实名声很大，他最终来了。

欧阳修来了以后跟范仲淹、富弼都不一样。他怎么管？他是宽简而不扰，到青州几天后，官府事情减去一半，两个月后，官府如僧舍。什么意思？两个月以后，这官府的工作就都没了，谁也不来这儿了。跟老和尚念经似的，天天到这儿点个卯，点完卯就没事了。两年以后出现了“年时丰稔，盗讼稀少”的景象，他就是采取清静无为的政策，使青州发展得非常之快。这样呢，老百姓都相安无事，夜不闭户，路不拾遗，也很少有人诉讼。这么一来知州可就闲了，整日游山玩水。当然，这个时期，欧阳修岁数已经很大了，虽然岁数已经很大，还是要坚持走遍青州的山山水水，后来他写下了著名的文章《泷冈阡表》悼念自己的父母。后来他离开这儿回家了，专门从青州弄了一块大青石，刻成一丈余高的石碑运到江西老家，置于他父母的坟前。

这些人在青州待的时间都不长，两三年。真正在咱青州待的时间长的，那还得说李清照与赵明诚这夫妇俩。都说夫妇，但实在是李清照的名字比赵明诚响亮多了，在青州市范公亭公园还有一处佳境叫“归来堂”，这是为了纪念李清照的。李清照生于济南章丘，幼年时随同她的父亲居住在汴梁，18 岁同赵明诚结婚，24 岁的时候因为赵明诚的父亲和哥哥仕途失意，这夫妻俩就回到青州，专心研究金石和诗词创作。他们两个人共同在青州隐居 14 年，后来赵明诚又当了官了，出知莱州、淄州知州，莱州、淄州都离青州很近，所以李清照有的时候在任所，有的时候在青州，这样两头跑着又过了 7 年。赵明诚的父亲赵挺之那是一个很了不起的人，他是诸城人，曾经当过宰相，因为与权臣蔡京不合，所以乞归青州。他们家在青州东阳城建有住宅，加上赵明诚的姥姥、姥爷家也是青州的，所以这就让李清照跟赵明诚两个人在青州有了一处世外桃源般的住地。换句话说，赵明诚、李清照夫妇二人在青州度过了一生中最美好的时光，如果不是最美好的时光，她不会想到陶渊明。他们特别羡慕陶渊明的隐居生活，就借用《归去来兮辞》中的“审容膝之易安”，为自己这个厅堂取名叫“归来堂”，自己的居室叫“易安室”。李清照本人的号是自己起的，叫“易安居士”。此时李清照还找人为自己画了一幅肖像，把这肖像挂在卧室的床上面，你说他们俩也够自恋的，尤其是这李清照请人画自己，然后把自己挂那儿是吧，在中国自恋的名人当中，她是比较早的一个了，我等都是晚辈啊。

青州这二十来年是李清照生活中最为安逸、幸福的。他们家有积蓄，毕竟赵挺之当过宰相，只要别太奢侈，日子那是没问题。赵明诚也不用工作，天天在家研究金石，李清照

女诗人李清照

协助他整理，夫唱妇随。赵明诚有一个爱好，收集名人字画。那个时代就有收藏家，北宋时期全国最著名的收藏家不是王刚、不是马未都，是赵明诚，真是赵明诚。他们家的东西是最全的。当然俩人没事也逗闷子，逗闷子怎么逗呢？归来堂斗茶。俩人在归来堂上坐着打赌，我说一句诗，你告诉我这句诗在咱们家书房的哪本书中，第几页，第几行，从第几个字开始。输了的要给赢了的端茶递茶，这个叫“赌茶”。这样一弄，你猜怎么着，回回都是赵明诚输。因为李清照记忆力非同一般的好，赵明诚呢，他的时间都玩名人字画了，所以自然这书上的页数记不清楚。这期间赵明诚以青州为中心，四处寻访文物碑石，借机游山玩水，到过泰山、灵岩寺、仰天山，等等。

隐居的生活挺好，但后来不行了，为什么？奸臣蔡京倒台了，赵挺之的冤案昭雪了。赵挺之还有赵明诚的哥哥赵存诚、赵思诚都做官了，赵明诚也待不住了，也只得做官。这期间，李清照因思念丈夫而才思泉涌，所以就有了《一剪梅》。

红藕香残玉簟秋，轻解罗裳，独上兰舟。

云中谁寄锦书来？雁字回时，月满西楼。

花自飘零水自流，一种相思，两处闲愁。

此情无计可消除，才下眉头，却上心头。

在中国所有的词人当中，按照词作的风格大致可以分为两派，一个婉约派，一个豪放派。词最早都是婉约派，写的都是男男女女、卿卿我我、恩恩爱爱，朝思暮想、想而不得，差不多都是这些。但是在李清照之前，大体都是男人从男人的角度写女性，对不对？只有李清照是从女人的角度写，男人写都是猜，从女性的体态、睡容、愁眉、泪眼等，来揣摩女性的心理。但是李清照是什么，是自己写自己。这样使婉约派的词达到一个新的高潮，才有了真正意义上严肃的、深刻的妇女内心世界的描写。但是我们要知道，家国不幸啊，转眼之间，北宋灭亡，南宋建立。大国不安，小家能宁吗？夫妻二人流浪江南途中，李清照遭受到了家破夫亡之痛，颠沛流离。直到晚年，青州——也就是东州——还仍然是李清照词中的很重点的一部分，我们可以说，青州无时无刻不萦绕在这位女词人的梦中。

说到青州和名人的关系，咱还得说说宋江。文学名著《水浒传》描写了水泊梁山一百单八将的传奇故事，这一百单八将里有二十几位来自青州，有很多的故事就发生在青州，这些故事肯定有作者想象的成分，但是也得说，宋江确实转战过青州，这是实有其事的。《水浒传》对青州有很多描绘，主要有这么几部分，涉及的将领有鲁智深、武松、杨志、呼延灼、秦明、花荣等，他们都跟青州有关系。《水浒传》第一次描写青州是在哪儿呢？是三十二回到三十五回，花荣大闹清风寨。说的是宋江怒杀自己的老婆阎婆惜，带罪出逃，投靠青州这清风寨知寨花荣，不想被小人刘高陷害，被政府捉拿，押解到青州府请功。幸亏碰到好汉燕顺、王矮虎、郑天寿相救，这便是镇三山大闹青州道。紧接着是霹雳虎夜走瓦砾场，这是三十四回了。青州府先后派了黄信、秦明前去清剿，结果宋江巧使反间计降服二将，但是青州难以落脚，只能走啊。于是乎，投奔梁山，路上又收留了吕方、郭盛，这一次青州 9 位好汉加盟水泊梁山，使梁山的头领由原来的 12 位一下就增加到了 21 位，如果没有青州这 9 位，那水泊梁山还是十几个人的小打小闹。这书中说，这清风山离青州不远，只隔百里来路，清风镇却在青州往东南，到临朐县了，好像不在青州。不过呀，这也难说，施耐庵是大家，信手拈来，想写西南就西南，想写东北就东北，所以安错了位置的事也是正常。人家写书主要是描绘故事情节，抒发愤懑之情，感叹政权兴衰。《水浒传》里第二次描写青州是五十七到五十八回，三山聚义打青州。描写大将呼延灼率三路大军讨伐水泊梁山，不想被水泊梁山钩镰枪破了连环马，大败而归，独自投奔青州，路上被桃花山好汉李忠、周通盗了御赐宝马，呼延灼带兵来夺，结果李忠、周通不敌，请了二龙山鲁智深、武松、杨志，又联络了白虎山孔明、孔亮，三山聚义汇攻青州。奈何青州城池坚固，兵强马壮，又有呼延灼那厮英勇，打不下来。三山都打不下来，只得再请宋江。宋江夜使诱兵之计，骗呼延灼出城，设计让这呼延灼掉坑里了，将他生擒活捉，然后又以招安论说服了呼延灼，这才打进了青州城。这一战共有青州大将呼延灼并二龙山、桃花山、白虎山的 11 个头领尽归水泊梁山大寨。

三山聚义打青州

这就是说青州至少应该有这三座山，这三座山分别在哪儿呢？二龙山、白虎山都有的，白虎山位于邵庄镇刁庄北，逶迤13个山头。你别说有的山头还真有石头围墙，看来过去还真住过强人草寇。但是，这二龙山位于青州城西30里处，5个山头相连，十分险要。但是我们今天要看来，30里路，似乎离青州城很近，不利于这个好汉驻扎。不过你想，在二龙山住的是谁？鲁智深、武松、杨志，那是盖世英雄。30里，就是要离城里很远，抢着方便也难说。那个时候离城30里真的已经是荒郊野外了。

桃花山在哪儿呢？偌大个青州，我们没找着；偌大个中国，我们没找着。但是有一个问题，金代在益都境内设立了桃林寨，桃林寨有一个总领叫张林，据险作乱。所以很有可能，在宋金时期有一个地方叫桃花山或桃林山，只不过随着时间的推移，现在改了名而已。到底哪儿是桃花山呢？还得靠《水浒传》的爱好者进一步考证。

这一讲到此结束。

第六讲

明清状元卷

我们上一讲讲到了宋朝的很多名人在咱们青州留下的足迹，我跟你说呀，时至明清，那咱们青州就更有名气了，来咱们青州的人多了去了，各种各样的都大有来头，有皇帝、亲王、宰相、大学士。从青州走出去的人那也毫不逊色，光是状元，青州历史上就出过六位，而且现在青州市博物馆内还有一份状元卷，这一千多年以来，中国留下的唯一的一份状元试卷。

咱们先说帝王。

前面咱们讲赵匡胤曾经流落青州，青州人善待了他，对吗？无独有偶，明朝的开国皇帝朱元璋跟青州也有一点关系，有个很长的故事。关于明太祖朱元璋，大家并不陌生，对吧？他是安徽凤阳人，小的时候挺穷的，没办法了当和尚，结果庙里也没粮食了，就让朱元璋自己去化缘，自己做游方和尚。朱元璋很苦，自谋生路三年，三年以后重新回到皇觉寺。这三年中他踏遍了淮西、豫北、山东等地，我们可以说，正是这三年的时间造就了朱元璋残忍多疑的个性，勇敢坚毅的品格。在这三年之间，据说朱元璋还来过咱们青州，在青州还打过工，在谁家呢？在核桃园村崔迪他们家打过工。史书上记载，这个崔迪对他很好，朱元璋称帝以后厚待崔迪，青州西部有山叫明祖山，传说就是朱元璋给崔迪他们家放牛的地。这山北边有个村，叫核桃园村，崔迪他们家就住那儿。

现在的问题在于这崔迪跟朱元璋的故事是真是假。我们查了一下康熙青州核桃园崔氏族谱原序，原序很长，我就不给您读这原文了，我把这原序的大概意思给您介绍一下。这原序是说明太祖朱元璋 17 岁的时候流落到青州崔迪他们家，崔迪一看，十六、七岁的小孩能干点什么呀？你给我放牛吧！这朱元璋就给崔迪他们家放牛，但是朱元璋会不会乖乖地放牛啊？崔迪不放心，就偷着查岗，只见这朱元璋骑着一条大黄狗在那儿哄牛呢，朱元璋骑着大黄狗哄牛那条道，现在就叫黄狗道。后来崔迪一看，把牛都哄跑了，不知哪儿去了，一瞧，朱元璋找了一个地方，鼾声如雷，呼呼睡大觉呢，睡得那个叫香啊。再仔细一看又不得了了，这朱元璋的鼻子里头，耳、目、口、鼻，七窍里有黄蛇出入，一会儿一条蛇进去了，一会儿一条蛇出来了。崔迪就害怕了，一想七窍里头有蛇，这蛇要放大了不就是龙吗？难道这朱元璋将来是真龙天子吗？他一直等着，天都黑了，朱元璋终于睡醒了，俩人开始一问一答："您怎么来了？""说我呀，瞧瞧你。

朱元璋放牛

哎，你怎么不放牛去?”“我跟牛都说了，我让它们呀只去吃野草，不许踏粮田，我还跟狗说了，让那狗看着它。”“你跟狗说，你跟牛说，它们听话吗?”“听话，你去看看去。”崔迪、朱元璋俩人就看去了，一看，果然这牛都在吃草，没有一个上地里的，那狗看牛看得可好了。这是其中一段。朱元璋在他们家放了五个月牛，走了，去哪儿不知道，又过了好多年，朱元璋叫明太祖了。朱元璋就派人告诉崔迪，让他到京城南京，找自己来。当时，崔迪也不知道这朱元璋是不是给自己放牛那朱元璋，就骂：“谁那么讨厌，让我去，我家里还有农活儿呢!”太祖是派谁带着去的呢?派太祖的十儿子去的，接着崔迪。他这一骂不要紧，这朱元璋的儿子回宫就告诉皇上了。太祖说，哎，他是老宝不必治罪，直接封他为翰林院大学士左春坊赞善，随班朝贺。但是这时候崔迪岁数很大了，朝拜的时候也跟不上趟，所以又有人告他状，太祖说他岁数大了，一切免礼，赐一龙头拐杖。最后，崔迪也觉得跟不上趟，告老还乡。太祖说，你也不能就削职为民了，你还得当官，你挑一官当，我好给你开工资。结果这崔迪就挑了一官，管秀才的官，青州府的儒学正堂工资都是双份的。这段是他们自己的家谱记的，是真是假呢?我们查阅了一下大明嘉靖青州府志，居然也记着类似的故事。

据青州府志记载，崔迪是益州人，世世代代对儒学研究得比较好，朱元璋曾经住过他们家，这崔迪对朱元璋挺好的，所以朱元璋当了皇上以后，就赏他青州府儒学训导转益都教谕，还升了左春坊左赞善，谢病乞归，在家颐养天年，一品服色，都记着呢。所以你看，这要注意，我们前面讲的一大段那是清朝的，后边讲这一小段是明朝的青州府志，离这故事的发生时间一百多年。大明朝青州府志是官修的，敢撒谎吗？不敢撒谎。对不对？明朝 1368 年建立，这嘉靖青州府志 1564 年，才一百九十几年对不对？所以我们据此可以认为朱元璋真的住过崔迪家，也正是因为如此，朱元璋建国以后就实行了分封制。当然了，朱元璋实行这分封制跟中国历史上其他朝代的分封制不一样，虽然说所封之人、所封之国有自己的国土，而且在制度允许的范围内有自己的军队，可以自己铸钱、制盐，只需向皇上交粮纳供即可，但是根据法律规定，这封国军队数量有限，仅仅够各方王出行的时候装点装点门面，充排场的。第二，各封国的主要官吏都是中央任命的。第三，各个封国的后嗣你养十个儿子，你的国家就得一分为十。为什么呢？把你这国家一分为十，每个儿子都得有地盘，这样那你就没地了不是？然后军队呢，你原来不是有一百个人给你助威吗？现在你有十个儿子，那一个儿子就十个军人了，那就少了对不对？第四，各个封国之间都不挨着，都由中央的直接管辖地盘给隔开。第五，中央还派了很多间谍，间谍我们都知道，像东厂、西厂、锦衣卫。

那么在明朝分封的诸王中，先后有齐王朱榑、汉王朱高煦、衡王朱佑樿在咱们青州这儿当官，其中衡王府历史最长影响最大，而且这衡王府还给青州留下了全世界最大的一个“寿”字，这“寿”字你们没见过，通高 7.5 米，宽 3.7 米，仅下边那“寸”就高 2.3 米，所以青州有一句话，叫什么呢？人无寸高，何以自大。说到这儿就有个问题了，这儿怎么能有这么大的一个“寿”字呢？说到这儿还有个故事。话说明宪宗第七子朱佑樿被封为衡恭王，1499 年就番青州，衡王共传了六世七王。“寿”字就跟这朱佑樿的儿子、第二代衡王朱厚燆有关系。

话说 1560 年，第二代衡王朱厚燆双喜临门，一喜人生 60 大寿，二喜他继任衡王二十周年，搞个庆祝活动，朱厚燆大摆宴席，谁给的礼物最多、最好、最值钱，谁就坐上座，开宴，所有人都送礼，您敢保证您是最多、最好、最值钱的？所以首座空着没人坐，这时候有一个衣着褴褛、空手而至的自号为雪蓑子、雪蓑道人、五湖散人兼三十六洞天牧鹤使者的隐士苏洲，居然在众目睽睽之下，一个人登堂入室坐在了首席。所有人都吃惊，我们都坐在下面，你送啥礼了你坐在首席？这时候雪蓑道人微微一笑，挥手向南说："臣愿王爷寿比南山，福如东海。"手微微往南一偏，结果怎么样？众人一看，正好南面就是云门山，峭壁之上出现了一个醒目的"寿"字。衡王刚要高兴，不对，"寿"字最后这一笔，这"寸"字怎么缺那一点？刚要发怒，只见雪蓑不慌不忙，取来绸缎半匹，卷作一团，在墨缸一沾，信手抛去，结果不偏不倚恰好奔这个大"寿"字，"寸"中间那点就点上了。这就是"雪蓑献寿戏衡王"的传说。

流传好几百年了，这故事其实是假的，没这回事，是青州人编的，但是这字是真的呀，怎么回事呀？1560 年重阳节，朱厚燆 60 岁生日，又即位 20 年，想要庆祝一下，所以衡王府内的掌司叫周全——当时也是个书法家——就写了这个通高 7.5 米，宽 3.7 米，下面这"寸"字 2.3 米的世界第一"寿"字，然后由工匠再镌刻在我们刚才说的这山上。现在我们就知道，这个“寿”字非常的好看，五百年来我们都会说“寿比南山”，南山真有个“寿”字。所以我们要知道这些年咱们云门山游人如织，很多人都是拜那个“寿”字的。不过衡王他们家六世七王最后被查抄，他们家随着雨打风吹去，留给青州的就是这件文物，当然青州除了这个“寿”字，还有一个世界独一无二的东西，什么呢？状元卷。

科举取士是中国隋唐时期以来一直到清朝流行的制度，这个制度在中国整整经历了一千三百年，在 1904 年最后一名状元出现，这中国历史上一共 777 个文状元、武状元，777，其中姓名、籍贯都可以考证出来的 440 人，这 440 人中山东占了 36 人，山东这 36 人中，青州 6 人，占山东六分之一，仅次于曲阜的 7 人，而且青州的状元都出在宋元明清这些科举非常规范的时代，没规范的时候咱也不说了，这 6 个状元是谁呢？文状元苏德祥、王曾、张唐卿、普颜不花、赵秉忠，武状元丁殿祥。

由此我们可以看出来，咱们青州还是状元之乡，尽管历史上状元有很多名人如翁同龢、文天祥、贺知章、王维、柳公权这都是状元，但是他们的状元卷都没留下来，中国留下来状元卷的就是青州益都郑母人赵秉忠25岁时期的状元卷，25岁的他中状元了，先后任职翰林院编修、侍读学士、礼部侍郎。礼部主管什么？就主管考试。所以赵秉忠一生多次主抓考试，选择了很多有名的大臣，像孙承宗、张玮、姚希孟、周顺昌等，他选这些人我们知道，或忠节，或介直，都是一代名臣。

但是这赵秉忠本人仕途不得意，晚年多次主动提出辞官回乡，最终皇帝批准了他的要求，回家不久，赵秉忠有一个好友刘忠英案发，赵秉忠受到牵连，被削籍夺俸，成为普通百姓，愤懑而死。等到崇祯初年，查实这是一桩冤案，为他平反，复官并加太子太保按大臣规格重新安葬。我们今天看到的赵秉忠这张卷子2460个字，都是一厘米见方的馆阁体小楷，字迹端正，无一笔误。他为什么能当状元？那就得说这卷子上写了什么。那个时候的卷子有个题目，叫什么呢？问帝王之政和帝王之心。就是说假设你是帝王，你应该假设自己在帝王的位置上，应该怎么处理政事？你答卷就得把自己想成是帝王，然后一定要写出来我应该如何施政。一个25岁的后生，你想想你能当皇上，这不瞎扯吗？而且你这措施还必须得让人觉得对，能实行。结果人家赵秉忠就讲，要想当皇上，就必须得什么呢？必须得有实政和实心，有切实可行的治国办法，切实可行的治国思想、那么这个办法是什么呢？治国安邦十建议。结果当时的万历皇帝御批第一甲第一名。

现在还有个问题，中国这状元卷，别说状元卷了，榜眼卷那也都应该是机密。国家的、档案室的档案，那是要保密的，怎么能够出现这种事呢？这状元卷怎么会到你们家里呢？按照中国历朝历代的规矩，私自偷拿卷子出宫的，都要被灭门九族。赵秉忠这状元卷不但偷出来了，还在民间流传了四百年，依然保存完好，这份卷子怎么回事？我们后人估计，赵秉忠不是管试卷的吗？不是管考试的吗？再加上他当大臣那阵正好跟魏忠贤他们关系不好，多次辞职，借机偷出来，也有可能。所以这卷子原来是赵秉忠的十三代孙赵焕彬保存的，历经380多年，到1983年赵氏后裔把它捐给了青州博物馆，成为了咱们青州博物馆的镇馆之宝。

说到这儿我们就要知道，说到明清咱们脑子里首先想到的是明清小说，对吧？那明清小说和咱们青州有什么关系呢？和青州有关系的主要是两部分，两本书，一本书就是《三国演义》,《三国演义》记载的是什么呀？曹操青州军的故事。这个咱们前边讲过了，这儿简单介绍一下。公元184年张角、张宝、张梁哥仨领导了黄巾起义，纵横中国八个刺史部，声势非常浩大，但结果怎么样？这八个刺史部的黄巾军除了一个部之外都失败了，只有咱们青州刺史部的黄巾军活了下来。青州黄巾军，军人 30 万，家属 100 万，在 192 年，这一百三十多万人就集合在了兖州，在兖州他们遇到了生命中最重要的对手，很有名的政治家、军事家、诗人——曹操。曹操这个时候赶上一个得天独厚的条件，为什么呢？正好青州黄巾军在河北冀州跟公孙瓒打仗的时候辎重尽失，既没吃的喝的，也没穿的，人没粮食马没草料，还没有根据地，没处去了来到兖州。所以在曹操的软硬兼施之下，这 30 万黄巾军 100 万家属成为了曹操的手下，曹操从中选出了十多万人成为他的贴身部队，归他一个人领导，这就是青州军。这是曹操赖以生存的看家的力量。这是《三国演义》。

除了《三国演义》讲了青州的故事之外，《聊斋》与青州也密不可分。蒲松龄是淄川柳泉人，出身书香门第，早岁就有文名，小的时候就被人称为神童，但是一生都没考上举人，在家里做塾师，当私塾先生，一生抑郁不得志，最后写了一本志怪小说——《聊斋》。《聊斋》这本书具有鲜明的青齐文化特征，有的是蒲松龄的经历，有的纯粹是他道听途说的故事。这儿我们就要注意到，山东文化我们常说成齐鲁文化，其实齐文化与鲁文化不一样。

这鲁文化发端于春秋的鲁国，集大成者便是孔子，这是中原文化的主流。齐文化是什么呀？齐文化是古代中国的蓝色海洋文明，与西方陕西为核心的黄河文明相对应。齐文化是什么？齐文化是开放进取、崇尚功利、富变化、富幻想的文化。齐文化的核心一开始，那是临淄，到了南北朝时期，青州已经取代了临淄，往后一千年来青州就是核心了，所以《聊斋》就是齐文化的瑰宝，《聊斋》中的主人公大都是仙狐鬼怪对不对？求新、求异、求变，这是齐文化的特征。

这本书里很多故事都是典型的海派风格，比如说《香玉》，这故事讲的是，黄生在崂山下清宫，爱上了白牡丹的花妖香玉，不幸花为别人移走，他天天思念，天天来这儿守候，终于感动花神，这白牡丹香玉死而复生，又重新长上了。像这样的故事特别的多。

《罗刹海市》描写了马生出海与外国经商，在海外做的贸易，规模非常之大，典型的是什么？你看在他这儿没有重农抑商，反而是工商皆本，这就是表达了主人公的看法。他

蒲松龄写《聊斋》

做买卖之前是读书人，他父亲说你读书管什么用？饥不可煮，寒不可衣，还是跟着我做买卖吧，甭读书，这表达了蒲松龄的看法，蒲松龄他父亲就是个商人，但是让蒲松龄读书，结果蒲松龄没考上，虽然没考上，自己心里总是对科举制度有那种恨恨之情。所以我们可以看到蒲松龄他们家，距青州城四十余公里，《聊斋》就有浓厚的青齐文化风味。可以看作是青州益都的故事，就有二十多篇，典型的有《双灯》、《林四娘》、《绿衣女》、《蕙芳》，这里再讲一个《蕙芳》的故事吧。

有一马生，“居青州东门内，卖面为业。家贫，无妇，与母共作苦”，天天就是母子两个人生活。在这种困难的情况之下，有一天，一个叫董蕙芳的美女飘然而至，欲嫁马生为妻，马母以家贫为由三次拒绝，结果蕙芳变成一个好几十岁的老太太，前来说媒，最后终于说动马母，这董蕙芳与马生喜结良缘。这董蕙芳还带来了两个使唤丫头，一个叫秋月，一个叫秋松，这样一夫一妻，俩使唤丫头，再加一个老妈妈，这一家几个人美满地生活着。四、五年过后，这蕙芳说，我来到人间十来年了，我不是凡人，我是天上的神仙，我得走了。说完飘然而去。过了三年，七夕这天晚上董蕙芳又回来了，马生就问她去了哪里，蕙芳说，我送织女与牛郎见面，这不得空他们俩正聊天呢，我找你来了，我待会儿还得回去呢。马生这才知道原来她是喜鹊仙。你看喜鹊仙偏爱凡人，偏爱那种穷人，对不对？这种故事多了去了。

除了这个故事之外，还有一个故事《医术》也比较有意思。《医术》这个故事讲的是什么呢？益都名医韩翁未出名时投宿某家，恰好遇到这户人家有一个人病危，韩翁束手无策，急得浑身冒汗两手直搓，结果老搓这手上的泥不就下来了吗？韩翁把这泥搓成了药丸，说你把这吃了就好了，结果人家就真把他这个泥丸给吃了。吃了以后这个韩翁害怕，我手上的泥能治病，鬼才相信呢！于是他跳墙跑了，不敢住了。结果怎么着？人家追来了，把他逮着了，韩翁求告说别杀我，别杀我。人家说，我杀你干吗呀？你给我们孩子治好了病，我请你回去吃饭去。

误打误撞，这搓手连汗带泥居然治好了病，从此以后这韩翁扬名立万。这都是蒲松龄编的故事。我们可以看到，蒲松龄编故事并不会“有一记一”，也揭自家的丑，对不对？像这样的故事多了去了。

蒲松龄写的《聊斋》里面还有哪些和青州有关的故事呢？我想啊，您还是自己下去读一遍比较好。

第七讲

千古一叹说青齐

前面那六讲我们主要讲到了青齐文化的发展历程，但是光这么讲，您肯定就有疑问了，这文化、那文化，能给我们带来什么好处？我们这文化怎么样贴近我们的生活呀？

今儿咱们就要解决这个问题，如何让青齐文化落地生根。讲这个问题，率先得讲一个什么问题呢？率先得讲山东向来是齐鲁文化，我们前面也讲了，齐文化与鲁文化是有区分的。齐文化、鲁文化不一样，这鲁文化发端于春秋的鲁国，集大成于孔夫子，这是中原文化的主流。它的主旨思想是固守传统、强调原则、坚守信念，体现出了深沉的责任感和道义感。齐文化那就不一样了，齐文化呢，它相对于中国西部的黄河文明，那是中国古代的蓝色“海洋文明”；先秦时代的齐国西踞泰岱，东瞰大海，有渔盐之利，囊广袤之地，形成了开放进取、崇尚功利、善权变、富幻想的文化传统。

而青州文化呀，与东夷文化和齐文化一脉相承，又丰富和发展了这两种文化。典型的就是齐桓公“猛山纳宁戚”，家贫如洗的宁戚被拜为上卿，担任大司田职务，在管理农业生产的过程当中，采取了很多便民利民的措施，这是齐桓公的得力助手。在这时期齐桓公招贤纳士，孔子、孟子、荀子、墨子等众多的古代著名思想家都到过齐国，齐国还有“稷下学宫”，广揽“四方文学游说之士”，先后有 70 多人被授予大夫的爵位，被称为“稷下先生”。这些都说明那个时候齐国是战国时期最著名的文化和学术中心。

说到这儿，我们就要立论一下这文化，中国过去说“某某文化”，除了考古学意义上是以文化遗址发掘地点命名的，如大汶口文化、河姆渡文化、半坡文化之外，其他都是根据地方特色确定的，如齐文化、楚文化等。那么青州的文化到底应该怎么命名合适呢？首先一点，说到青州最著名的话就是“海岱惟青州”，这句话很有名，所以根据历史记载，你这文化的命名一定得有一个“青”字，但是叫“青州文化”不太合适，平常这么称呼行。如果专业上管叫青州文化，过去青州的领域太大了，中国一共才 9 个州，青州是一个州，那你青州文化不把济南府都包括了？人家也不干呀，所以叫青州文化不合适。

其次，青州这个文化和齐文化有密不可分的关系，咱们前面讲在青州出土了许多刀币，出土刀币意味着什么？这意味着青州是齐文化的经济文化最繁荣的地方。所以我们可以看到，青州的文化与齐文化既有共生的地方，又有不同，各成体系，所以叫齐文化也不对。

第三，咱们青州这儿还是整个山东历史上唯一有人称帝建国的地方，而且这个称帝建国的居然还是少数民族鲜卑族建立的南燕政权。此后，我们要知道青州文化走上了独立发展的道路，最后我们要知道，山东过去叫什么，齐鲁大地，青齐地区。所以再根据前面几点综合考量，“青齐”两个字，最能体现青州文化的特色。

那么说到这儿就有个问题，青齐文化有什么特征呢？我个人认为主要有三个方面的特征。

青齐文化的第一个特征是务实进取的精神。

务实进取这是姜太公治齐的建国之本。早年姜太公了解东夷人的脾气秉性，所以建立齐国就提出了“因其俗简其礼”的治国方略，五个月就安定了齐国，并很快使齐国富强起来。姜太公还给我们留下了著作，这著作叫《六韬》，《六韬》里面分成很多篇文章，其中《六守》这篇文章里头就说到“大农、大工、大商为之三宝，三宝安，则国安”。你看看人家姜太公，早在三千年前，人家说的就是农工商要并重。而从商鞅到我们讲的这清朝，两千二、三百年一直是什么？重农抑商，最终中国落后挨打，才造成了公元 1840 年以后百年的耻辱。如果我们坚持姜太公的政策，一直坚持三千年，想必不会有百年耻辱。正是如此，班固在《汉书》中就说到青齐文化的特征："太公治齐地，修道术，尊贤智，赏有功，故至今其士多好经术、矜功名，舒缓阔达，而足智。"

青齐文化的第二个特征是包容开放的精神。

最典型的我们知道就是对人才的重视上，最典型的代表是齐桓公，我们前面讲了"猛山纳宁戚"，还有就是不计前嫌拜管仲为相的故事。我们前面讲齐桓公手下有八十多名游士，时至战国时期，田氏齐国还建立了稷下学宫，在稷下学宫里出现了百家争鸣的现象，孔子、孟子、荀子、墨子都来这里讲学，而齐国本土还出现了驺衍、淳于髡、田骈、慎到等等，中国历史上思想文化最为繁荣开放的时期，主要阵地就在青齐大地上。

青齐文化的第三个特征是阔达淳朴的民风。

司马迁说咱们青齐地区的人呢，"其民阔达多匿知，其天性也"。"阔达"好理解，就是爽快的意思，像我们今天的山东大汉。"匿知"是什么意思？聪明才智不外露。阔达多匿知说的是我们青州人大度豁达、聪明憨厚是天性。为什么如此？主要是因为青齐文化的前身是东夷文化。东夷的夷是仁，东夷文化的核心是什么？仁者寿，有君子不死之国的称号。青齐文化正是继承了这一点，才养成了热情豪爽、海纳百川的性格。正如光绪《益都县图志》中所说的："士知退让，民无讦告之风，非公事不登长吏之庭，俗至厚也。"这典型地体现了青齐地区的民风。

那么在这三种文化特征的影响下，就形成了青齐文化的多元共生性和极富特色性。

这种多元共生性表现在两个方面。

第一，青齐文化发源于东夷文化，中间继承了齐文化和古青州文化，也就是说，在青齐文化的因子里，东夷、青州、齐鲁各个文化序列不分彼此，得到了很好的融合，可以说是"三位一体"。

前边我们讲了，齐文化很开放，鲁文化讲道德，青齐文化恰恰是什么呢？恰恰是介于两者之间，既开放又讲道德。它把齐文化、鲁文化融合得更为明显，不光是齐鲁两种文化的融合，更重要的还有农业、农耕文明，海洋文明，游牧文明，是多种文化融合的结果。北方少数民族多次占据青州，带来了草原勇猛之风、燕赵壮烈之气；刘裕灭南燕，夷广固，江南士族相继而至，又带来了江南水乡秀丽之风、吴越文雅之气；西方佛教在青州盛兴，那种深邃的哲理、恢弘的思想也在影响着青齐文化，所以青齐文化的特点是什么呢？它的特点是尚礼仪、重理想、好思辩。

第二，青齐文化具有很大的包容性，在这里儒释道三教甚至基督教、伊斯兰教共存共荣，和谐共处。

先说儒教。儒学“生于邹鲁，成于青齐”，为什么？孔夫子是鲁国人，但是他很羡慕青州这块土地，曾经带领弟子在青齐地区游历两年多。孔夫子去世后，孔夫子的门生、授业弟子纷纷来到青齐大地，使这里的儒学底蕴最为深厚，就连秦始皇焚书坑儒，全国各地的儒生都被坑杀殆尽之际，这里仍然坚持着儒学教育。等到西汉一建立，儒学率先复兴，首先就是从咱们青齐地区，比如说，西汉初年，辕固生治《诗》，田何治《易》，胡毋生治《春秋》，这都是青齐地区的人。只有在这种基础之上，才能有汉武帝日后“罢黜百家，独尊儒术”的政策，说到“罢黜百家，独尊儒术”，这政策的提出者是河北人董仲舒，但是执行者是青州人公孙弘。所以我们可以看到，此后，这个地区出了很多大儒，比如说典型的为五经作注的郑玄，老家在渤海，也就是青州。

到今天青州还有郑母村，其实应该读成郑墓村，为什么呢？郑玄去世以后埋在了这儿。此后，像王曾、李之才、孙叔然都是青州人，孙叔然是晋朝的大儒，宋代“象数之祖”李之才那是宋朝的。

刚才说的是儒家，再说佛教。我们都知道佛教是东汉末年传入中国的，经过几百年的发展，佛教在魏晋南北朝时期在青州盛行起来。

最典型的一件事就是公元 412 年，中国第一个到印度取经的高僧法显携带大量诗文自海外归来之后，就在青州长广郡牢山，也就是我们现在的崂山登陆，受青州刺史刘兖的邀请，在青州居住，译经传教，停留一年多之久。此后，这个地区还有很多高僧。

到了北魏、北齐时期，统治者继续传播佛教，那个时候全国 2 000 多万人口，僧尼数量就占了 1/10，200 多万。那个时候整个山东地区佛教文化的中心就是咱们青州，许多有名的法师都在青州留下了足迹，所以在青州地区到现在我们可以看到许多摩崖造像，驼山、云门山、尧王山都留下了佛教造像的影子。其中驼山的造像规模最大，一共有各种石佛造像 638 尊从南北朝延续到隋唐，是中国东部最大的摩崖石窟造像群。1988 年，被列入全国重点保护的 11 处石窟造像之中。您要是去了青州，一定要去陀山看看。

与此同时，我们还知道，青州还是道教文化的重要源头。道教文化的源头其实有两点，一是南方的荆楚文化，二是北方的齐燕文化。而青齐自古多方士，三面环海，沿海常常会出现海市蜃楼，这就引发了数不清的神仙故事，正是这些故事才是我们今天所说的道家的活水源头。另外在东夷时期，青州就有图腾崇拜，巫师、巫医和巫术崇拜，有一部分又被道教所利用，像徐福东渡等这些都为道教的产生准备了文化因子。

接下来说道教，古代青州是道教最重要的发祥地。虽然说《道德经》是道教的思想源头，但是真正的第一部道教正式经典是《太平经》，最早的宗教实体活动是太平道和五斗米道。《太平经》最早在中国就流行于青州地区，张角创立“太平道”依据的就是《太平经》。而且我们可以看到东汉末年的黄巾起义，青州的黄巾军规模最大，持续最久，也证明了太平道在青州地区的重要影响。

当然青州还是道教青睐的洞天福地。这故事就多了，唐宋两朝的皇帝都要与道家的创始人老子攀亲，在全国各地弘扬道教。唐朝唐玄宗最宠的道士王希夷，就经常在青州一带活动。云门山每年都会有“投龙简”活动，影响深远，赵匡胤落难青州，还曾经躲藏于城南的修真宫，因此对道教产生了浓厚兴趣，两宋道教发达也和这个有些关系。

最后，我们还要看到，除了这些宗教之外，1302 年，青州东关建立起了当时全国三大伊斯兰教寺院之一的真教寺，成为回族同胞礼拜真主的地方。清末民初，西方传教士到青州建教堂、办学堂，天主教和基督教落户青州，又使得青州成为东西方文化交汇点。儒、释、道、伊斯兰、天主、基督六教和谐共处，大交流，大融汇，大发展，成为古代青州的最大亮点。

我们要说的是青州的个性。青州与其他地方明显不一样的个性是什么呢？有两点，一是名士文化，二是科举文化。

第一个方面名士文化，说起名士文化，我们在第五讲、第六讲里讲了太多的名人，像李邕、李白、杜甫、柳宗元、欧阳修、苏辙、富弼、寇准、文彦博。咱们潍坊出大萝卜，咱们这儿可不是萝卜开会，这真正是群英荟萃。那么多人驻足青州，在青州留下了那么多的故事，这都是时至今日我们应该加以弘扬的。

李白、杜甫与李邕的故事，咱们在第四讲里已经给大家讲过了。范仲淹、富弼、寇准、欧阳修的故事，咱们在第五讲也给大家介绍过。所以那个时期我们可以看到，在这种情况之下，我们就很难想象，其他地区能跟咱们这儿比吗？所以太多的人都在青州留下了丰富的文化内涵，留下了丰盛的精神大餐。

除了这个之外，第二个方面科举文化，重视教育，重视科举考试。重视教育、科举考试成绩突出，这是我们青州文化的又一大特色。青州地区重视教育是太正常不过的事，早在先秦时期的齐国，田齐时期就在稷下设立学宫，成为当时各种学派名流荟萃之地，经常有数千人汇聚，那是当时全国最大的学府。

到了魏晋南北朝，战乱频发，但只要稍微安定，教育就会被提上议事日程。比如说我们前面讲过的，南燕国的皇帝鲜卑人慕容德刚刚建立南燕，就十分重视教育，设置博士馆，置博士弟子200余人，学风颇盛。

此后历朝历代青州都非常重视教育，为科举考试培养了大批优秀人才。唐、宋、元、明、清历代科举考试，青州考中进士的300多人，出过6名状元，仅次于曲阜，位居全省第二。仅北宋时期，据清朝《山东通志》记载，山东地区80余个县，科举考试140余人中进士，在这140余人中，青州益都一县就有19个人，这19个进士当中有3个状元。一个宋朝，19个人，意味着什么呢？意味着占全省进士总数的1/7，全省80多个县呢，所以想一想，一个县出3个状元这是从来没有过的。

正是建立在这基础之上，我们才可以想见明代万历皇帝御笔朱批的“第一甲第一名”赵秉忠的殿试状元卷，全国唯一一份殿试状元试卷，能够在咱们青州地区流传下来也就是太正常不过的。通过办教育，青州不仅仅为青州本土的发展培养人才，也为全国输送了大量的文化精英。青州举世瞩目的科举文化也应当得到我们的弘扬发展。

话说到这儿我们就要知道，青齐文化发展到今天，走过了几千年的历程，那今天的青齐文化又有哪些发展的亮点呢？据我所知，主要有以下三个方面。

第一，现在的青州被人称为“东方花都”，每年举办一届花博会。说到花博会，其实早在宋代，这三苏中的苏辙就曾经说过，在他的《栾城集》卷八中，有首诗叫“送龚鼎臣谏议移守青州”，就曾经写诗赞美过我们青州的花，说到

“面山负海古诸侯，信美东方第一州。胜势未容秦地险，奇花仅比雒城优。”这诗中说呀，青州的花就比雒城高一点，青州的花好看就比雒城好一点点。雒城是哪儿呀？雒城就是我们今天的洛阳。我一说到洛阳，您马上想起来什么？洛阳牡丹甲天下。青州的花呢，就比洛阳好那么一点点！这意思还是说咱们青州的花好看。

第二，我还听说咱们这儿要建一个青齐文化研究院，这可是一件大好事。

为什么呢？从海岱地区的考古发掘来看，我们知道，作为中华文明最早最重要的发源地之一，从章丘一直到胶州这一带，有一个高度发达的文化带，这条文化带上，有龙山文化、大汶口文化，而青州恰巧不偏不倚居住在这条文化带上正中间，是一个核心区域，中心区域。上个世纪 30 年代以来，在青州苏埠屯遗址发现和出土了大量文物，也可以证明这一点。从那儿我们可以看出来青州应该是东夷人活动的中心区域。因此在东夷人活动的中心区域建设青齐文化园，上可以接东夷文化的发源地，中可以承齐文化的宏大繁荣，下开青齐文化研究的新境界，我觉得这是一个非常好的事。此外，山东汇河建业投资有限公司规划建设了山东青齐文化生态旅游度假区，精心打造了集旅游、观光、文化体验、养生度假、会议休闲于一体的青州特色，国际一流的人间盛境，我们祝愿上述两个企业——青齐文化研究院还有这青齐文化生态旅游度假区越办越好，谢谢大家！